安徽省科学技术协会科普创作示范团队“黄山学院科普创作示范团队”科普创作成果

冯剑辉◎编著

走近徽州文化

ZOUJIN HUIZHOU WENHUA

安徽师范大学出版社
·芜湖·

责任编辑:祝凤霞
装帧设计:丁奕奕
封面摄影:陈　琪

图书在版编目(CIP)数据

走近徽州文化 / 冯剑辉编著. —芜湖 : 安徽师范大学出版社, 2016.7 (2022.7重印)
ISBN 978-7-5676-2239-5

Ⅰ. ①走… Ⅱ. ①冯… Ⅲ. ①地方文化－研究－徽州地区 Ⅳ. ①G127.542

中国版本图书馆CIP数据核字(2015)第247868号

走近徽州文化

冯剑辉　编著

出版发行:安徽师范大学出版社
芜湖市九华南路189号安徽师范大学花津校区　　邮政编码:241002
网　　址:http://www.ahnupress.com/
发 行 部:0553-3883578　5910327　5910310(传真)　E-mail:asdcbsfxb@126.com
印　　刷:苏州市古得堡数码印刷有限公司
版　　次:2016年7月第1版
印　　次:2022年7月第5次印刷
规　　格:700 mm×1000 mm　1/16
印　　张:12.375
字　　数:208千字
书　　号:ISBN 978-7-5676-2239-5
定　　价:29.00元

目　　录

徽州常识

徽州地区的行政区划在历史上发生过多次变化，与现在的安徽省黄山市并不一致，这常常会给今天希望了解徽州文化，特别是来旅游的外地朋友带来困惑。因此，了解与徽州有关的行政区划沿革、历史文化、风俗民情等常识，是非常必要的。

徽州的前世与今生

古徽州地区，位于安徽省的最南部，地处安徽、浙江、江西三省交界地区。这里山清水秀，人文荟萃，孕育出了具有时代特点与区域特色的徽州文化。徽州文化是中国传统文化的优秀组成部分，其遗风余韵绵延不绝。

古徽州地区，西周时期属于《尚书·禹贡》中的扬州，春秋战国时期曾先后属于吴国、越国和楚国。秦始皇攻灭楚国后，在这里设置了歙县和黟县，属会稽郡。这是古徽州有行政建制的开始。

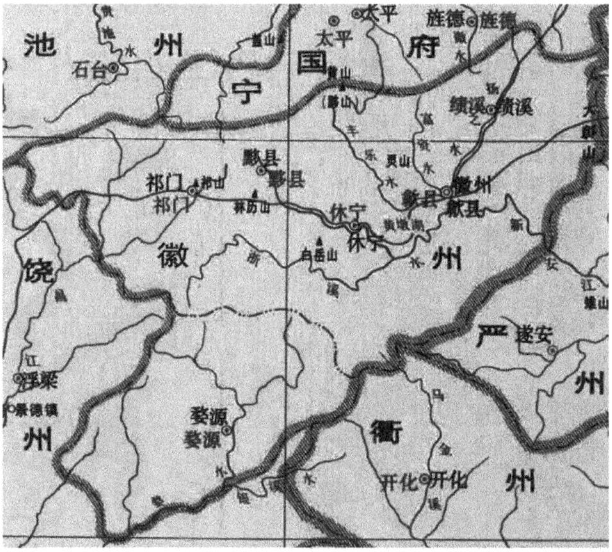

南宋徽州地图

秦汉时期，古徽州的土著居民是山越人。东汉末年，山越人曾多次起兵反抗江东的孙吴政权。东汉建安十三年(208)，孙权派部将攻打歙黟地区的山越人，在平定山越人的反抗之后，析歙县的东乡设立始新县（今浙江淳安县），南乡则设立新定县（原浙江遂安县，今属淳安县），西乡设立黎阳、休阳（东吴后期改为海阳县）两县，连同原来的歙县、黟县，一共六个县，置立了新都郡。晋太康元年(280)，晋朝灭掉了东吴，将新都郡改为新安郡。新安郡的建制在其后的南北朝时期基本维持不变，刘宋大明三年(459)，黎阳、海阳两县合并为海宁县。

隋开皇九年(589),隋朝统一了全国,将新安郡改为歙州,下辖海宁、黟、歙三县;开皇十八年(598),改海宁县为休宁县。唐永徽五年(654),将歙县的北乡划出,设立了北野县。唐开元二十年(732),将休宁县南乡及鄱阳县怀金乡划出,设立了婺源县。唐永泰二年(766),曾将歙县、休宁县部分地区划出设立归德县,又将黟县及饶州浮梁县部分地区划出设立了祁门县,将北野县改为绩溪县。唐大历四年(769),归德县被划入休宁县,歙州领有歙县、黟县、休宁县、绩溪县、婺源县、祁门县,共六县。唐朝多次在古徽州地区设置新县,一方面是因为当时徽州经济文化有了发展,人口增长较快,需要增加建制;另一方面是因为当地发生过多次暴动,需要加强控制。唐代宗以后,古徽州地区形成了“一州(府)六县”的行政格局,此后长期维持不变。这种稳定的行政格局对区域特色文化的形成具有重要意义。

宋宣和三年(1121),在镇压方腊起义后,将歙州改为徽州。徽州据说是因绩溪县境内有徽岭、大徽村而得名。元朝时为徽州路,明清时期则为徽州府。

古徽州地区的行政格局,在民国年间发生了较大的变化。辛亥革命以后,取消了府一级的行政建置,徽州各县由安徽省直接管辖。婺源县在1934年被划归江西,1947年重新划回安徽,新中国成立后再次划归江西,今属江西上饶市。1949年5月以后,徽州地区在行政建置上,不仅有原徽州府的歙县、黟县、休宁县、绩溪县、祁门县五县,还先后包括过旌德、石台两县,并设立过屯溪、黄山两个县级市。1987年11月,成立黄山市,除歙县、休宁县、祁门县、黟县四县外,另设立屯溪区、黄山区(原太平县)和徽州区(原歙县岩寺镇),形成了“一市三区四县”的新行政格局,绩溪县则划归宣城地区。今天黄山市的行政格局,与历史上古徽州的“一州(府)六县”相比,发生了重大的变化。然而,在长期的历史发展过程中,古徽州六县人民在经济、文化上密切联系,形成了共同的区域文化,无论行政区划如何变更,六县人民在心理上仍然以徽州人自居,因此,通常所称的徽州文化,就是指形成于历史上徽州府管辖下的歙县、黟县、休宁县、绩溪县、婺源县、祁门县六县的文化。

山环水绕钟灵毓秀

徽州是典型的山区，高山纵横，峰峦叠嶂，民间称之为“七山一水一分田，一分道路和庄园”。山地和丘陵占总面积的90%以上，其西北部属黄山山脉，东南部、南部属天目山、率山山脉，主峰海拔都在1 000米以上。清代休宁学者赵吉士说：

> 徽之为郡，在山岭川谷崎岖之中，东有大鄣之固，西有浙岭之塞，南有江滩之险，北有黄山之厄。即山为城，因溪为隍。百城襟带，三面距江。地势斗绝，山川雄深。自睦至歙，皆鸟道萦纡，两旁峭壁，仅通单车。

赵吉士说徽州“地势斗绝，山川雄深”，是对徽州山区地形的形象描述。这种以山地为主的地形，山谷与山脊落差很大，所以清代歙县诗人黄景仁（仲则）在《新安滩》诗中说：“一滩复一滩，一滩高十丈。三百六十滩，新安在天上。”

徽州多山，地势易守难攻，相对封闭，有利于居民安居乐业，因此历代内乱较少，也不容易受到外界战乱的冲击，这是对区域文化发展有利的一面。但多山的地势造成了陆路交通不便，赵吉士就曾形容徽州人陆路外出，“鸟道萦纡，两旁峭壁，仅通单车”。因此，历史上的古徽州先民外出创业，主要不是走陆路，而是通过水路。

徽州各山之间分布着众多河流，分属新安江和长江两大水系。新安江是徽州最大的河流，东流至浙江境内，与富春江汇合为钱塘江，至杭州入海。通过新安江至杭州，然后再从杭州经运河北上至苏州、无锡、常州、镇江、南京、扬州、淮安、济南，直至北京，这是历史上徽州人外出经营最重要的一条交通路线。祁门县境内的阊江、休宁县和婺源县境内的乐安江均流入江西，注入鄱阳湖。通过阊江和乐安江入江西，经过赣江，然后南下至广东，也是历史上徽州人外出经商的一条重要路线。众多河流提供的水运，直至公路交通发达以前，是历代徽州人对外交通的主要途径。可以说，徽州的山为徽州人提供了相对封闭而稳定的家园，而徽州的水则为徽州人提供了开放外出的机遇。

徽州地处亚热带季风性湿润气候区。四季分明，春秋短，冬夏长，热量丰富，雨水充沛，平均降水量在1 395～1 702毫米，但湿度大，云雾多，日照时数偏少。境内山地主要为黄红壤，肥力差，不适宜耕作，而适宜种植茶树和生长松、杉，茶叶和木材的产量大。

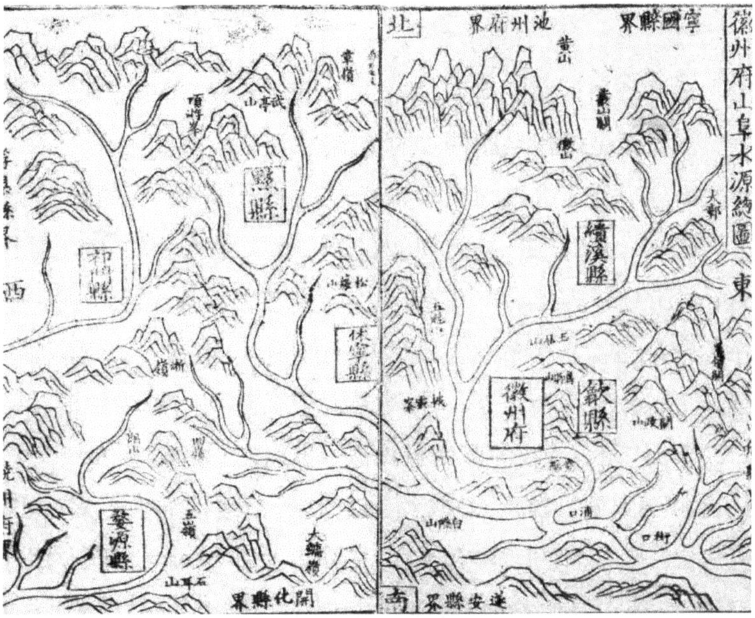

明嘉靖《徽州府志》书影

总体来说，徽州群峰耸立，山川秀丽，风景宜人，但除少量山间盆地外，农业生产条件并不好；加上水旱频仍，尤其是夏季的暴雨，容易成灾。土质差，灾害重，成为徽州农业发展水平一直不高的主要原因。宋代开始，徽州已经地狭人稠，粮食无法自给，严重依赖于邻境，或依新安江从浙江贩运，或依阊江、乐安江从江西贩运。康熙《休宁县志》卷七描述了这样的情景：

> 溪流一线，小舟如叶，鱼贯尾衔，昼夜不息。一日米船不至，民有饥色，三日不至有饿殍，五日不至有昼夺。

地狭人稠，食用不足，是明清时期徽州的一大特点，也是徽州人大量外出经营谋生的主要背景和徽商兴起的客观原因。

徽州的母亲河——新安江

新安江水系是徽州最大的水系，其流域面积约6 500平方千米，占徽州总面积的一半以上。新安江是徽州名副其实的母亲河。

新安江发源于休宁县五龙山脉，其源头在休宁县冯村乡的怀玉山六股尖东坡。干流由西向东，经休宁县、祁门县、屯溪区、歙县，在歙县的街口流出徽州。按河道状况，新安江可分为上、中、下三段。屯溪老大桥以上为上游，通常称为率水。率水在休宁县月潭以上的区段属于陡峭的山区，有很多深山幽谷；月潭至屯溪段为丘陵地带，水流逐渐平缓。屯溪老大桥至歙县浦口为中游，古代又称渐江。歙县浦口至街口为下游，河水明显加深，河道也越来越宽。

新安江自源头到歙县街口，总长约242千米，沿途接纳大小支流670条，最大的两条支流是横江（在屯溪汇合）和练江（在浦口汇合）。流域中多为山地，也包括众多大小不一、山环水绕的谷地、盆地。其中，以屯溪为中心的徽州盆地，西起休宁县县城海阳镇，东至歙县县城徽城镇，面积约155平方千米，是徽州最大的盆地型平原，也是徽州经济文化最为发达、人口最为稠密的地区。

一江横流，泽被苍生，新安江对徽州人的重要性不言而喻。新安江不仅为徽州人提供了最主要的生活和生产水源，而且是古代徽州的交通运输主动脉。徽州的各类山区特产，如茶叶、木材，依靠新安江运出，急需的粮食、布匹、食盐依靠新安江输入，徽商靠新安江走出大山、奔向四方，文人举子更要靠新安江踏上科举仕途。几千只民船簰筏在新安江上日夜往来，活跃了徽州经济，也促进了徽商的发展。因此，早在明隆庆四年（1570），休宁约山（今屯溪区下约山村）徽商黄汴撰写的《一统路程图记》中，就详细记载了由杭州经水路至徽州的水陆路程。到了民国八年（1919），歙县徽商吴日法在其《徽商便览》中记载的徽商外出第一条路线仍然是杭州至徽州的水路。当然，随着公路、铁路、航空等各类现代交通工具的崛起，今天的徽州人已经无需再依赖新安江的水路运输了。

新安江山水画廊

新安江流域的生态环境极佳，森林覆盖率高，空气清新，风景秀丽，呈现出山上营林、山麓植茶种果、水中养鱼的立体生态格局，与掩映其间的粉墙黛瓦的古村落、古民居交相辉映，是“画里青山、水中乡村”。因此，在旅游休闲经济兴起之后，新安江山水画廊的旅游开发已经走上迅速发展的轨道。古老的新安江，正以焕然一新的面貌迎接五湖四海的游人。

“黄山归来不看岳”

黄山，古称黟山，因峰岩青黑而得名。唐玄宗崇尚道教，依据轩辕黄帝曾在此修身炼丹的传说，在天宝六年(747)将其改名为黄山。黄山雄踞皖南，绵亘于歙县、黟县、休宁县和黄山区之间，总面积约1 200平方千米，其中，风景区面积约160.6平方千米，是我国十大风景名胜之一，1990年被联合国教科文组织列入《世界文化与自然遗产名录》。

黄山雄伟秀丽，通常说有36大峰36小峰，实际层峦叠嶂，不可胜数。莲花峰、天都峰、光明顶三大主峰，海拔均在1 800米以上，千米以上的名峰70多座。主要风景有被誉为“四绝”的奇松、怪石、云海、温泉，以及36源、24溪、15泉、8瀑、7池等等。

黄山怪石星罗棋布。大的石林耸峙、石笋罗列，小的玲珑剔透、鬼斧神工。有的酷似珍禽异兽，如“金鸡叫天门”“孔雀戏莲花”“猴子望太平”；有的宛如各式人物，如“仙人下棋”“天女绣花”“童子拜观音”。景区中有名可指的怪石有120余处，巧夺天工，妙趣横生。

黄山迎客松

黄山奇松遍布峰壑。黄山松是以黄山命名的一个松树品种，与台湾松是一个树种。黄山松与其他松树不同，大多不生长于沃壤厚土之中，而是盘根于悬崖峭壁之中，破石而生，苍劲挺拔，姿态奇特而秀美。著名的奇松有玉屏楼前的迎客松、陪客松、送客松，北海的扇子松、麒麟松，始信峰上的龙爪松、接引松、聚音松，等等。特别是迎客松，闻名中外，成为徽州人热情好客的象征。

黄山自古云成海。每逢雨后初晴，谷底水汽凝成云雾，弥漫山谷，形成云海。群峰之间，顿时白浪滔滔，浩瀚无涯。峰尖浮海，犹如孤屿，时隐时现，瞬息万变，气象万千。根据方位的不同，黄山云海分为五处，玉屏楼前观南海，清凉台观北海，排云亭观西海，白鹅岭观东海，光明顶观天海。尤其是日出日落时出现的霞海，光华绚丽，色泽斑斓，无不使观者流连忘返。

黄山温泉常温在42度左右，可饮可浴。宋代绩溪人胡仔曾认为黄山温泉含硫黄气，可治百病。但相关研究表明，黄山温泉并非含硫的朱砂泉，而是富含重碳酸盐的淡温泉，出于山麓石间，可防治皮肤、关节、神经方面的疾病。

黄山是一座生物宝库。由于山高峰陡，山上山下气候悬殊，植被垂直分布差异明显。山顶有黄山杜鹃、天女花、黄山栎等，山腰有小叶青冈栎、交让木，山脚有石楠、木莲、木兰等。据统计，黄山森林覆盖率达84.7%，有高等植物1 805种，野生动物323种，是一座天然的动植物乐园。

黄山云海日出

黄山是一座集山、石、松、云、泉等各类景观于一体的大型景区。黄山景色四季各异：春季繁花胜锦，五彩纷呈；盛夏翠谷涌泉，绿荫映地；金秋丹枫如火，山花溢芳；严冬雾凇冰挂，雄奇雅洁。明代地理学家徐霞客曾两次登游黄山，称赞“海内外无如徽之黄山，登黄山天下无山，观止矣！”从此遂有“五岳归来不看山，黄山归来不看岳”之说。

白岳齐云

齐云山，古称白岳，位于休宁县城西约15千米处，景区面积约60平方千米。因其“一石插天，与云并齐”，明朝嘉靖年间改名齐云山，是一处以道教文化和丹霞地貌为特色的山岳型景区。

齐云山香炉峰

齐云山境内峰峦四起，峭壁耸立，飞云、流泉、云海、佛光，四时变幻，绮丽多姿。有月华街、云岩湖、楼上楼、横江、南山五大游览区。山中有36奇峰，72怪崖，崖崖皆景，洞、涧、池、泉遍布其间。全山岩层为红色砂岩，赤如朱砂，灿若红霞，为典型的丹霞地貌。白岳岭、齐云岩、独耸岩、紫霄岩、香炉峰等处，是齐云山著名的胜景。

齐云山是我国道教文化的中心之一，与江西龙虎山、湖北武当山、四川青城山并称中国四大道教名山。齐云山道教文化始于唐代，宋元时期持续发展。明嘉靖十一年（1532），龙虎山正一派第四十八代天师张彦頨奉旨率道众为皇帝建醮祈嗣，果获灵应。于是，皇帝敕令扩建齐云山真武祠，改名为玄天太素宫。嘉靖皇帝还从国库中拨出巨款，大修齐云山，从此山上宫观、道房林立，齐云山道教文化进入鼎盛期。据明代旅行家徐霞客记载，齐云山玄天太素宫，“宫北向，玄帝像乃百鸟衔泥所成，色黧黑。像成于宋，殿新于嘉靖三十七年（1558），庭中碑文，世庙御制也。左右为王灵官、赵元帅殿，俱雄丽。背倚玉屏（即齐云岩），前临香炉峰。”

齐云山的道院建筑极具特色。山中的道院，或利用山间岩洞建筑宫殿，或依崖附壁建坊筑观，依山就势，错落有致。同时，其建筑又具有典型的徽派风格，除了一般宫观皆有的雕梁画栋外，在外形和功能上是一个典型的民居，而且多与山中的民居相连。道院主要集中于山上的月华街，月华街因建筑布局巧妙，宛如一轮新月而得名。月华街既是道士与山上居民杂居之所，又是香客、游人住宿之地。如今随着游人、香客的日渐增多，月华街俨然成了一处山间闹市。

齐云山作为道家的洞天福地，历代文人雅士多有登临，触景生情，挥笔题咏，留下了大量的摩崖石刻和碑刻。从宋代至民国，游人香客在山上留下的摩崖石刻及碑刻，据史料记载有1 400余处，目前尚存537块，其中摩崖石刻305块，碑刻232块。石刻年代最早的为北宋大观年间，数量最多的则为明清两代。这些碑刻，大字丈余，小的尺碑千文，有的雄劲豪放，有的柔婉秀丽，有的刚劲傲骨，有的飞龙走蛇；或以气胜，或以姿长，内容涉及寺观兴建、自然风光等，涵盖了地理、宗教、经济等方面。碑文多出自徽州名人，如汪道昆、查士标、汪由敦等，其刻者又都是徽州石工，技艺精炼娴熟，不失原作神韵，珠联璧合，展示了徽州文学与徽派石雕工艺相融合的巨大魅力。在众多的碑刻中，规模最大的是矗立于玉虚宫左紫霄崖下的《紫霄宫玄帝碑铭》，高达7.6米，宽1.4米，为明代著名书画家唐寅所撰写，文笔流畅，书法工整苍秀。崖刻题字，尤以“天开神秀”“齐云胜景”“亘古齐观”“寿”等气势宏伟，令人叹为观止。

齐云山摩崖石刻

土著居民山越

山越是徽州有记载的最早的土著居民。徽州远离中原，是南方开发较晚的地区，有学者曾称徽州“在汉代之前的历史几乎埋在黑暗之中”。但从考古发掘的情况来看，徽州很早就有人类居住，其原始居民是南方的越族。东汉史学家班固编纂的《汉书》中说新安江水系“出南蛮夷中”，当地居民是“深林远薮椎髻鸟语之人”。说明在当时中原汉族士绅的眼中，新安江流域还是夷蛮之域，其经济发展水平与中原相距甚远，文化习俗差异很大。

山越民俗风情园民俗表演

东汉末年开始，居于徽州的越族被称为山越。结合考古挖掘和古代文献可以看出，山越人的生产方式以农业为主，种植谷物。由于大山中有铜、铁等矿藏，山越人自行冶炼，制作兵器，拥有自己的武装，不向中原政权交纳赋税，也不太服从中原王朝的约束，实际上处于“不服王化”的半独立状态。

东汉末年，孙策、孙权兄弟割据江东，山越人不服从他们的统治，引发了大规模的武装冲突。袁术、曹操等北方势力，曾多次派人联络山越，授给山越人金印、官爵，鼓动他们武装反抗，成了孙吴政权的心腹大患。为了稳固后方，东汉建安十三年(208)，孙吴政权对歙黟之地的山越人发动了一次大规模的战争，由威武中郎将贺齐统率大军进攻。歙黟两县的金奇、毛甘、陈仆、祖山等山越武装首领盘踞在林历山，顽强抵抗。林历山四面悬崖绝壁，高数十丈，山路危狭，仅容一人，居高临下，难以仰攻。吴军徘徊月余，无法攻取。贺齐亲自勘察地形后，秘密募选矫健的勇士，携带铁镢，拓山为道，趁夜攀登上山，然后再用布带把山下百余精锐士兵拉上去，隐蔽各处，擂鼓吹角。山越人以为吴军已大量登山，大惊失措，放弃扼守的山道，逃归大营。吴大军随即登上山顶向敌营寨猛攻，镇压了盘踞林历山中的山越武装，斩首7 000余人，其他残余武装也投降了。这次胜利后，孙权设立了新都郡，任命贺齐为新都郡太守。

东吴嘉禾三年(234)，孙权拜诸葛恪为抚越将军，再次征讨山越。诸葛恪分兵扼诸险要之地，将山越分割包围，迫使山越彻底投降。诸葛恪将其中精壮四万人选为兵士，余者迁至平地充作编户。经孙吴政权数十年的残酷征讨，山越人被迫出山，迁至平地，一部分用以补充兵源，一部分成为编户百姓，向政府交纳赋税，还有的成为豪门地主的私家佃客。山越人大量出山，对江南经济的发展起到了重要作用，也大大加速了山越自身的汉化过程。

山越人强悍好战之风，曾对唐代以前的古徽州文化产生了重大的影响。“尚武”一度成为徽州区域文化的主要特色之一。古徽州早期的英雄人物都是武将，如南朝的程灵洗和隋唐时期的汪华。山越人出山之后，中原居民开始大量进入新安江流域，成为徽州崛起的主力军。

中原衣冠南渡入新安

中原汉族移民大量进入徽州，推动了徽州文化从南方的山越文化向中原汉族文化的转变。东汉末年以后，北方曾经爆发过多次大规模战乱，如汉末三国、两晋南北朝、唐末藩镇混战和黄巢起义、北宋末年金兵入侵等等。为了躲避战乱，中原汉族人大量向南方迁居。徽州地区溪山秀丽，环境相对安定，不但吸引了大量躲避兵灾的中原移民，一些外地的官绅士子也在此流连忘返，从此定居徽州。

新安名族志前卷

程

程出黃帝重黎之後自周大司馬曰休父佐宣王中興封程伯子孫因以國氏望安定其後曰嬰仕晉平公有立趙孤之德封忠誠君冊望廣平漢末曰普者從孫氏定江東破曹操賜第于建業爲都亭侯普之後曰元譚當永嘉之亂佐瑯琊王起建業爲新安太守有善政民請留之賜第于郡西之黃墩遂世居焉至十一世曰晉仕梁秘書少監十二世曰寶惠爲新安郡儀曹掾十三世曰靈洗當侯景之亂起兵保州里受封重安縣公卒贈鎮西將軍開府儀同三司謚曰忠壯土人德之廟祀于黃墩宋號其廟曰世忠子男二十二人十四世曰文季襲封重安縣公死于節謚威悍十五世曰嚮襲封重安縣侯隋降授蕭縣宰十六世曰育仕車騎將軍十七世曰當爲涿郡簿曰富隋末佐越國汪公保障六州

明嘉靖刻本《新安名族志》书影

中原移民是怎样迁居徽州的呢？关于这个过程，明代嘉靖年间，徽州学者戴廷明、程尚宽等人编纂的《新安名族志》，对徽州世家大族的历史有详细的叙述。徽州向有以程、汪、吴、黄、胡、王、李、方为“徽州八大姓”的说法，以下就以这八个大姓迁居徽州的过程为例，简单介绍中原移民入徽的过程。

程氏。源出于河北广平程氏，东晋初年，程元谭出任新安太守，迁居海宁县篁墩村。程灵洗是程元谭的第十三代孙，在南朝梁、陈年间战功赫赫，程氏宗族从此兴旺起来。

汪氏。源出于春秋年间的鲁成公（前590—573在位），他的次子名汪，受封为颍川侯，后代以名为姓，颍川侯成为汪氏的始祖。东汉末年，龙骧将军汪文和率军渡江南下，担任过会稽县县令，在新安郡定居。南朝齐梁年间，中军司马汪叔举迁居歙县登源里，汪叔举的玄孙就是大名鼎鼎的汪华。

吴氏。源出于商朝末年的泰伯。泰伯是古公的长子，让位给弟弟季历（周文王的父亲），迁居江南，是吴氏的始祖。唐代晚期，监察御史吴少微为躲避战乱，迁居休宁县凤凰山，是徽州吴氏的始迁祖。

黄氏。源出于湖北江夏黄氏。东晋初年，黄积出任新安太守，迁居海宁县篁墩村，是徽州黄氏的始迁祖。

胡氏。徽州胡氏有多个族派，其中婺源清华的胡氏源出于安定胡氏。唐朝末年，胡瞳迁居歙县篁墩，他的儿子胡学曾经做过散骑常侍，迁居到婺源县清华村。婺源考水的胡氏，源出于唐朝皇室。唐朝末年，朱温作乱，唐昭宗将儿子李昌翼交给亲信婺源人胡三抚养。胡三为逃难，将孩子改为胡姓，回到婺源考水，胡昌翼就是考水胡氏的始祖。

王氏。徽州王氏也有多个族派，其中婺源武口的王氏源出于太原王氏。唐朝末年，太原王仲舒的夫人李氏为躲避战乱，携带七个儿子迁居宣州，其孙王希翔迁居婺源武口村，是武口派的始迁祖。祁门王氏，源出于琅琊王氏。唐朝末年，金紫光禄大夫王璧迁居祁门苦竹港，是祁门派的始迁祖。

李氏。源出于唐朝皇室。唐朝末年，昭王李汭的三子李祥，为逃避黄巢之乱，迁居歙州。李祥有三个孙子，其中德鹏迁居祁门新田，德鸾迁居婺源严田，德鸿迁居浮梁界田，号称三田李氏。

方氏。源出于河南方氏。西汉末年，方纮出任丹阳县县令，因为王莽篡位，中原大乱，于是迁居到当时歙县的东乡，也就是今天的淳安县。到了唐朝末年，天下大乱，方氏子孙为避乱，纷纷迁居到歙县、休宁等地。

从《新安名族志》的叙述中可以看出，南迁的中原移民很多出于世家大族，有较高的文化水平。他们大举迁居徽州，将先进的中原文化传入徽州，促进了徽州文化的振兴和发展。

徽州文化的勃兴

中原移民进入徽州有过三次高潮，即西晋末东晋初、唐末五代时期和北宋末年。徽州文化由山越文化吸纳中原移民文化发展而来，是一个由量变到质变的长期过程。在这个过程中，最为关键的时段是唐末五代时期。

唐末黄巢起义，北方陷入长期战乱，而江南地区在杨吴和李氏南唐政权统治下，相对安定。杨行密、徐温、李昪等江南统治者，都比较注重保境安民、发展生产，尤其注重招揽北方人才。徽州易守难攻的地势，加上秀丽的山川景色，吸引了大量中原移民。据明代《新安名族志》记载，胡、王、李、洪、戴、曹、江、孙等姓都是在唐末五代时期迁居徽州的。有学者统计，在唐末咸通七年（866）至宋灭南唐（975）期间，迁入徽州的强宗大族达52个之多。中原移民的大量涌入，为徽州的进一步开发提供了重要的人力、技术和文化资源。此时山越被灭已久，尚武好战的文化基因最终湮灭在洪水般涌来的中原移民浪潮中。

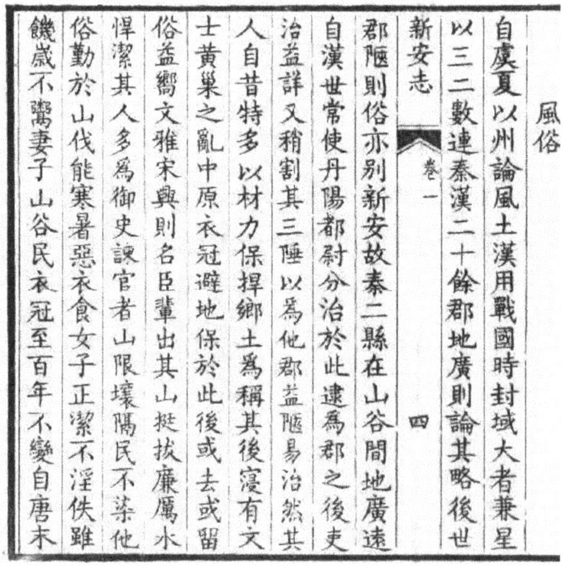
風俗
自虞夏以州論風土漢用戰國時封域大者兼星
以三二數連秦漢二十餘郡地廣則論其略後世
新安志　卷一　四
郡陿則俗亦别新安故秦二縣在山谷間地廣遠
自漢世常使丹陽郡尉分治於此逮爲郡之後吏
治益詳又稍割其三陲以爲他郡益陿易治然其
人自昔特多以材力保捍鄉土爲稱其後寖有文
士黄巢之亂中原衣冠避地保於此後或去或留
俗益嚮文雅宋興則名臣輩出其山挺拔廉厲水
悍潔其人多爲御史諫官者山限壤隔民不染他
俗勤於山伐能寒暑惡衣食女子正潔不淫佚雖
饑歲不鬻妻子山谷民衣冠至百年不變自唐末

淳熙《新安志》中关于徽州风俗转变的记载

唐末五代时期，徽州逐步建立了区域特色产业群。这一时期，徽州农业生产有了一定的发展。如南唐升元年间（937—943），刘津曾在婺源、祁门等地派士兵招募流亡人士，大规模地垦地屯田，今天徽州许多带田的地名，如香田、车田、杨田、梅田、长田、罗田等等，据说就是当年的屯田处。不过，因为徽州地处山区，可供耕作开发的平原面积相当有限，所以利用山区资源发展特色产业，对徽州经济发展的意义更为重要。徽州茶业在唐代以前已经有名，到唐代晚期有了进一步发展。咸通三年(862)，歙州司马张途撰文称，当时祁门县“千里之内，业于茶者七八矣……祁之茗，色黄而香，贾客咸议，愈于诸方。每岁二三月，赍银缗缯素衣求市，将货他郡者，摩肩接迹而至”。宋代以后，徽州成为全国重要的茶叶产区。徽州还是江南重要的木材产区，宋代时木材贸易已经非常发达。文房四宝更是五代时期兴起的徽州重要特色产业。唐代末年，河北易州墨工奚超、奚廷珪父子为避战乱来徽州定居，以黄山松烟为材料，改进了制墨工艺，所制之墨名满天下，得到了南唐后主李煜的特别赏识，恩赐奚家以“国姓”，奚超、奚廷珪因此而改称李超、李廷珪，其墨品也被称为“李墨”，成为今日徽墨的鼻祖。宋理宗时，谢公暨任徽州知府，以澄心堂纸、汪伯立笔、李廷珪墨、旧坑砚进贡大内，这四件文房用品有“新安四宝”之称。

在经济发展的基础上，唐末五代时期，徽州开始摆脱文化落后的面貌。唐代以前，徽州文化教育水平在全国是比较落后的。唐代290年间，徽州进士总共只有9人，平均32年出一个。五代时期，情况开始发生改变，杨吴和南唐的54年中，徽州总共有进士6人，平均9年出一个。在南唐保大年间(943—957)，歙县人舒雅中进士第一名，成为徽州有史以来的第一个状元。休宁人查文徽仕南唐，为工部尚书；歙县人冯延已、冯延鲁兄弟更成为南唐权倾一时的宰执大臣。在朝有重臣，在野有耆旧，徽州人的文化水平迅速提高。

可以说，唐末五代承前启后，恰好是徽州文化由“尚武”转向“文雅”的关键“质变期”，为宋代以后徽州经济文化的大发展奠定了坚实的基础。

中国第一状元县——休宁

徽州历史上文风昌盛，教育发达，府学、县学、书院、社学、私塾、文会极为昌盛。“虽十家村落，亦有讽诵之声”，“远山深谷，居民之处，莫不有学有师，有史书之藏”，就是当时的写照。由于教育发达，人才辈出，据统计，历代中进士者，仅徽州本籍，宋代624名，明代392名，清代226名。徽州府休宁县，在历史上先后出过19位状元，是中国状元最多的县，有“第一状元县”之称。

休宁县历史上的19位状元简况如下：

吴潜（1195—1262），字毅夫，号履斋，休宁县城玉堂巷人，寄籍安徽宁国。南宋嘉定十年（1217）状元，历任承事、江东安抚留守。淳祐十一年（1251）为参知政事，拜右丞相兼枢密使，封崇国公。后因主张抗元，被贾似道等人排挤，罢相。著有《履斋遗集》等。

程若川，休宁汊口人。南宋武状元。历任监丞、滁州太守等职，曾奉诏出使金国。

任亨泰，字古雍，休宁古楼人，寄籍湖北襄阳。明洪武二十一年（1388）状元。官至礼部尚书，曾奉命出使安南（今越南）。明太祖重其学行，常呼其为“襄阳任”。著有《使交集》。

沈坤（1507—1560），字柏生，号十洲，休宁县城西门凤湖街人，寄籍安徽太和。明嘉靖二十年（1541）状元。历任翰林院修撰、右春坊右谕德、国子监祭酒。嘉靖三十八年（1559），倭寇犯淮，沈坤招练乡勇两千人，抗倭有功。次年，淮安太守范槚和给事中胡应嘉诬陷他“私自团练乡勇，图谋背叛朝廷”，沈坤被逮捕下狱，冤死狱中。

黄赓，字仲叙，休宁龙湾人。明崇祯十六年（1643）武状元。精通武艺，善使铁鞭，人称“铁鞭王”。清兵入关后，他曾随金声等人抗击清兵，失败后出家为僧。

戴有祺（？—1711），字丙章，号珑岩，休宁瑶溪人，寄籍江苏金山卫。清康熙三十年（1691）状元，授翰林院修撰。后辞官离京，归乡隐居。著有《慵斋文集》《寻乐斋诗集》。

汪绎（1671—1706），字玉轮，号东山，休宁县城西门人，寄籍江苏常熟。清康熙三十九年（1700）状元。授翰林院修撰，三年后辞官归里。著有《秋影楼诗》。

汪应铨，字杜林，号梅林，休宁梅林人，寄籍江苏常熟。清康熙五十七年（1718）状元。授翰林院修撰，后任职赞善。不久，谢职离京，返归故乡。

金德瑛（1701—1762），字汝白，号桧门，休宁瓯山人，寄籍浙江仁和。清乾隆元年（1736）状元。授翰林院修撰，历任右庶子、太常寺卿，江西、山东及顺天学政，官至左都御史。

毕沅（1730—1797），字纕蘅、秋帆，自号灵岩山人，休宁闵口人，寄籍江苏镇洋。清乾隆二十五年（1760）状元。授翰林院编修，累官至河南巡抚、湖广总督。毕沅于经史、小学、金石、地理之学，无所不通，著有《传经表》《经典辨正》《灵岩山人诗文集》等。

黄轩，休宁古林人。清乾隆三十六年（1771）状元。曾任职四川川东道按察史。台湾用兵时督办军粮，劳累过度，病死途中。

吴锡龄（？—1776），休宁大斐人。清乾隆四十年（1775）状元。授翰林院修撰，掌修国史。

戴衢亨（1755—1811），字荷之，号莲士，休宁隆阜人，寄籍江西大庾。清乾隆四十三年（1778）状元。授翰林院修撰，曾主持江南、湖南乡试，历任侍读学士、军机大臣、体仁阁大学士，谥文端。著有《震无咎斋诗稿》。

汪如洋（1755—1794），字润民，号云壑，休宁县城西门人，寄籍浙江秀水。清乾隆四十五年（1780）状元。授翰林院修撰，后入直上书房，任山东乡试主考官，官至云南学政。著有《葆冲书屋诗集》。

王以衔（1761—1823），字凤丹，号勿庵，休宁洽阳人，寄籍浙江归安。清乾隆六十年（1795）状元。授翰林院修撰，官至礼部右侍郎。

吴信中（1772—1827），字阅甫，号蔼人，休宁长丰人，寄籍江苏吴县。清嘉庆十三年（1808）状元。授翰林院修撰，历典河南、广东、湖北乡试，入直南书房，迁侍讲学士，转侍读学士。

戴兰芬(1781—1833),字畹香,号湘圃,休宁城北人,寄籍安徽天长。道光二年(1822)状元。授翰林院修撰,曾主持福建、陕甘等地科考,升翰林院侍讲。著有《望湖轩诗赋》。

汪鸣相(1794—1840),字佩珩,号朗渠,休宁汪村人,寄籍江西彭泽县。道光十三年(1833)状元。授翰林院修撰,历任顺天乡试同考官、广西乡试正考官等职。著有《云帆霜铎联吟草》,编有《新安汪氏宗祠通谱》。

黄思永(1842—1914),字慎之,号亦瓢,休宁五城人,寄籍江苏江宁。清光绪六年(1880)状元。历任翰林院修撰、军机处章京、右春坊右中允等职。后辞官经商,开办北京工艺商局,投资天津北洋烟草公司。晚年南归浦口,任商埠督办。辛亥革命后卒于上海。

徽州文书

徽州文书是历史上保存下来的各类记载徽州人社会活动实态的原始资料。古徽州为什么会有大量契约文书的产生和留存？有多个方面的原因：

徽州自古以来崇文重教，“十户之村，不废诵读”，教育兴盛，百姓文化素养相对较高。

在大量的日常社会活动、土地买卖租佃、商贸交易、人际交往过程中，“恐口无凭，立字为据”的观念在徽州民间达成共识。

古徽州盛行佃仆制，土地的租佃、买卖、典当活动频繁。

徽商经营四方，商业贸易活动广泛。

徽州宗族社会组织严密、形式完备、活动正规，在乡村宗族社会的运行中有大量契约文书产生。

自古徽州人对“文”的敬畏，“敬惜字纸”的遗风，加上许多契约文书本身就是具有法律效力的财富凭证，因此，许多徽州文书虽然经历无数劫难，却仍被徽州先人艰难地保存了下来。

徽州丛山环峙，相对封闭，历史上较少受战乱侵扰，“世外桃源”式的地理环境有利于徽州文书的保存。

进入二十世纪五十年代之后，随着土地改革运动的开展，过去保存在徽商家族和祠堂里的大量契约文书流入社会，引起了学术界的关注。徽州文书跨越千余年（南宋至民国），涵盖徽州社会生活的各个层面，包括商业契约在内的徽州文书超过30万件，为徽商和徽学研究提供了极为丰富的第一手资料，形成了一个巨大的学术宝库。学术界将其誉为继甲骨文、汉简、敦煌文书、明清大内档案之后的第五大发现。

存世的徽州文书数量巨大，种类繁多，涉及面极广，从徽州的重大历史事件到徽州宗族社会的实际运行，从徽商的广泛商贸活动到徽州百姓的日常人际交往，

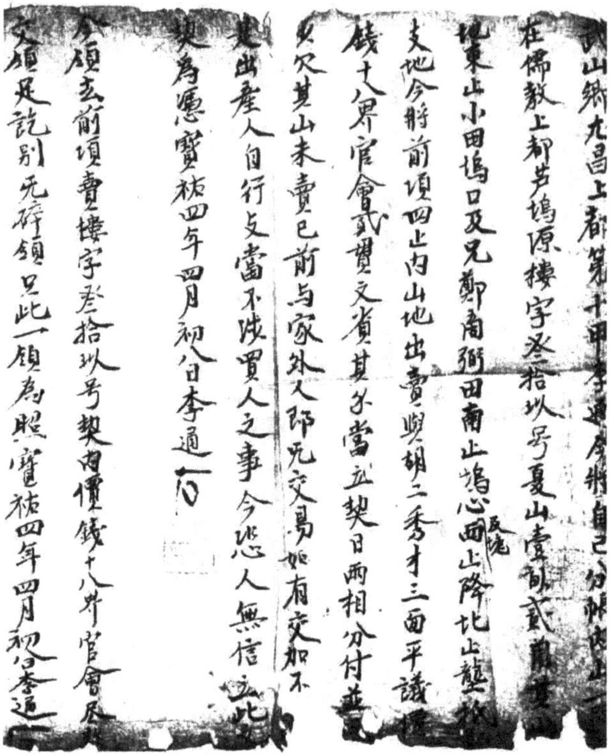

《宋宝祐四年祁门李通卖山地赤契》书影

内容几乎涵盖了徽州社会政治、经济、文化等所有方面，是徽州从宋代以来，特别是明清时期，民间百姓生活实态的全景式原始记录和还原。而作为古代徽州民间社会生活的真实反映，徽州文书有极强的原始性和可靠性，是研究封建社会后期徽州区域社会土地关系、宗法制度、商业活动、风俗人情、社会变迁等历史的最直接、最基础和最重要的第一手资料。学术界将徽州文书与传世的各类典籍文献、宗族谱牒结合在一起，可以对明清时期的徽州社会进行细致入微的研究。可以说，徽州文书是徽学能够成为一门学问的资料基石。

“无梦到徽州”

欲识金银气，多从黄白游。一生痴绝处，无梦到徽州。

这是明代大文豪汤显祖的一首诗，广为流传，但关于此诗的含义以及汤显祖对徽州的真实看法，至今仍有争论。

汤显祖（1550—1616），字义仍，号海若、若士、清远道人，江西临川人。汤显祖进士出身，曾任太常寺博士、詹事府主簿和礼部祠祭司主事，后调任浙江遂昌县知县，因压制豪强，触怒权贵，招致上司的非议和地方势力的反对，于万历二十六年（1598）愤而弃官归里。汤显祖晚年潜心于戏剧及诗词创作，其戏剧作品《还魂记》《紫钗记》《南柯记》和《邯郸记》合称“临川四梦”，而《牡丹亭》是他的代表作。这些剧作不但为中国人民所喜爱，而且已传播到英、日、德、俄等很多国家，被视为世界戏剧艺术的珍品。

汤显祖的诗作有《玉茗堂全集》四卷，“无梦到徽州”一诗即载于此集中，题作《吴序怜予乏绝，劝为黄山白岳之游，不果》。由于汤显祖生前对此诗没有过多解释，关于此诗的含义后人多有争论，大致有如下两种看法：

一种看法认为，诗中的“黄白”，即黄山、白岳，因此，此诗赞颂的是徽州的山水风光，表达了汤显祖对自己不能亲身到徽州一游的遗憾。“无梦到徽州”，当然指的是只能在梦中神游徽州了。时至今日，不少介绍黄山风光、徽州文化的著述中，尤其是通俗读物中，仍做如是解读。

另一种看法认为，诗中的“黄白”指的就是黄金、白银，结合首句的“金银气”，此诗是在指桑骂槐，认为徽州商人已经使整个徽州沾染了黄白之物的铜臭气。所以，从此诗中可以看出汤显祖对徽州没有好感，根本不曾考虑过去徽州。后世徽州的文人学士中不乏做如此解读的，如乾隆年间歙县槐塘人程埙就认为汤显祖是在讽刺徽州：

虽汤义仍先生尚有诗云,“欲识金银气,须为黄白游”,不知吾乡山水甲天下,理学第一,文章次之;人知节俭,有唐魏之风;俗尚骨鲠,耻脂韦之习;且硗确少田,治生维艰,实最窭地。所谓素封,皆乡人之业鹾于淮南北者。本州如洗,实不足当此虚名也。

康熙年间的歙县潭渡大学者黄生还专门为此做了一首《黄山白岳歌》,诗注称:“偶阅汤若士先生一绝云:‘欲识金银气,多从黄白游。一生痴绝处,无梦到徽州。’因此作歌,以叹其高,且为山灵解嘲。”全文如下:

黄为山,白为岳,灵区绝境天所作。

黄者金,白者银,动心骇目俗所云。

新安宿称好山水,自昔名流得之喜,岂知今之守令反攒眉。

所苦秋风刮人耳,无端我郡山以黄白称,致令慕膻之辈群向此中行,干谒有司盛嘱托,纳交巨室相逢迎。

彼之黄白其实,此之黄白其名,岂不辱我泉石、污我山灵!

临川先生汤若士,罢官林下贫似洗,一生无梦到徽州,其人其品可知矣。

先生本具丘壑姿,独发此语真似痴,山中若得斯人至,必有石破天惊绝妙辞。

噫吁嘻!黄山白岳,游者接屣,先生若至,能令公喜。

徽州一景

无论汤显祖此诗的含义究竟如何,不可否认的是,此诗流传之广,已经成了介绍徽州文化的口头禅了。无论汤显祖本人生前究竟是否到过徽州,但愿今天的世人都能有缘前来徽州,既能见识黄山白岳的秀美风光,又能领略徽州文化的独特魅力!

徽州商帮

所谓徽商，并非指单个的徽州商人，而是徽州地区一府六县商人集团的总称，即徽州商帮。徽州商帮大致兴起于宋元，明代中期到清代中期三百年间达到极盛，成为执中国经济牛耳的第一大商帮，对明清商品经济的发展和商业城镇的形成发挥了重要作用，故民间有“无徽不成镇”的谚语。

徽商的崛起

大规模的移民迁入，加上自然繁衍，到宋元时期，徽州人口压力日益突出，为了生计，人们不得不外出谋生，拓展生存空间。淳熙《新安志》称徽州“力作重迁犹愈于他郡，比年多徙舒、池、无为界中”，可见宋代外出谋生的徽州人已经很多。而徽州当地盛产的茶、木、纸、砚、墨等产品在国内有广阔的市场，新安江、长江水运为徽州开辟了通往江南地区的贸易通道。

歙县县城仁和楼

唐末，中国经济重心南移，特别是南宋王朝定都于临安（今浙江杭州），徽州因此成为畿辅之郡，有了更好的发展机遇。由于新都城的建设，无论是皇室、官宦，还是街肆商民，皆大兴土木，广建楼屋，广备器物，需要大量的木材和笔墨纸砚。徽州近水楼台先得月，充分利用了这一有利时机发展商业贸易，“负贩四方、牵车服贾”成为徽州人越来越重要的生活来源。正是在这种背景下，宋代出现了徽州有明确记载的第一批大商人。祁门善和的程承海、程承津兄弟，富极一时，号称“程十万”；朱熹的外祖父歙县人祝确，其店铺占了徽州城的一半，有“祝半州”之称；等等。出现这样一批财大势雄的大商人，反映出徽州商业已经发展到了相当高的水平。到了元代，徽州某些经济发展相对较快的地区，已经形成了相当浓厚的经商服贾风气。屯溪一带临近新安江干流，控制了通往杭州的商路，几乎家家户户做生意。宋元时期徽州商业的发展，为明清徽商的崛起奠定了坚实的基础。

如果说宋元时期徽州商人的影响是区域性的，到了明代，这种影响逐渐扩展到了全国。这一方面是因为明代商品经济的发展，特别是正统之后，开始普遍使用白银。银作为一般等价物，相比传统的铜钱既坚挺又方便，比纸币的信用又高得多，因此明代国家赋税的征收也逐渐使用银两，这就促进了农产品的商品化和市场的扩大，为以贩运见长的徽商提供了重要的商机。另一方面是因为徽商在两淮盐业这一国家经济命脉中逐渐占据了优势。明代成化、弘治年间，徽州盐商在同山西、陕西等地商人的竞争中开始占据上风。万历年间，两淮盐业实行“纲运制”、确立专商经营后，徽商的优势地位进一步确立。

徽商在两淮盐业这一关系国家经济命脉的行业中逐步占据优势的同时，在明代中后期商品经济发展的浪潮中，还将经营范围拓展到了全国各地和各行各业，无论通都大市，还是孤村僻壤，乃至海外诸岛，都留下了徽商的足迹。嘉靖年间的《徽州府志》对这种情景有生动的描述：

> 徽之山大抵居十之五，民鲜田畴，以货殖为恒产。春月持余赀以出贸十二之利，为一岁计，冬月怀归，有数岁一归者。上贾之所入，当上家之产；中贾之所入，当中家之产；下贾之所入，当下家之产。善识低昂，时取予，以故贾之所入，视旁郡倍厚。然多雍容雅都，善容仪有口，而贾之名擅海内。

从这段记载中可以看出，到了明代晚期，商业在徽州人生活中已经占据了重要地位，徽商也就此进入了称雄天下三百年的辉煌时期。

徽州盐商

徽州盐商在明清中国社会经济中的地位，是由盐业，尤其是两淮盐业在国家经济中的地位决定的。自汉武帝实行盐铁官营以来，盐税一直是国家最重要的财政来源之一。唐代以前，经济中心在中原，河东盐业的地位最为重要。唐代中期开始，两淮盐产量增多，地位逐步上升。明清时期，两淮盐业达于极盛，政府从两淮征收的盐课也不断上升，明代盛时超过六十七万两，清初为一百八十余万两，乾隆年间达到四百余万两，到嘉庆年间，两淮盐业每年交纳的各类税费竟超过八百万两，而此时清政府全年的收入也不过四千万两左右。可以说，掌握了两淮盐业，就掌握了明清时期的中国经济命脉，两淮盐业的中心扬州也因此成为中国重要的经济中心之一。

两淮盐法图•仪所掣挚（据《中国大百科全书》）

徽商在两淮盐业的激烈竞争中能够占据优势，是经过长期不懈的努力实现的。明代初年实行开中制，商人将粮食运往边境地区，获取“盐引”，然后到两淮支盐运销，山西、陕西两地的商人因靠近北方边境，比徽商有优势。因此，虽然在明初就有徽商到两淮经营盐业的记载，但其规模尚难确定。成化、弘治年间，明政府逐渐允许商人在两淮交纳银两以获取盐引，徽商不必远赴边境商屯输粟，在两淮就可以就地交银实现“开中”销盐。因此，在同山西、陕西商人的竞争中，徽商开始摆脱被动处境，出现了第一次大规模进入两淮的浪潮，涌现出了一批依靠两淮盐业发家的徽商家族，如歙县西溪南吴氏、呈坎罗氏、竦塘黄氏、休宁西门汪氏等。嘉靖时谢肇淛称："新安大贾，鱼盐为业，藏镪有至百万者，其他二三十万则中贾耳。"万历年间，实行"纲运制"，确立专商经营，徽商的优势地位进一步确立。

万历后期到清代初期，由于明王朝横征暴敛和大规模战争的破坏，徽商一度陷入低潮。康熙二十年(1681)平定三藩之乱以后，社会重新安定，生产恢复，人口大幅度增加，盐的销售量大增，加上清政府在这一时期采取了一系列恤商优课的措施，徽州盐商生意再度红火，到乾隆年间，其实力上升到了一个新台阶。关于乾隆全盛时期的徽州盐商资本额，王赠芳认为："向来商力充裕，办运者百数十家，有挟资千万者，最少亦一二百万"。与明代"藏镪有至百万者，其他二三十万则中贾"相比，清代徽州盐商大者上千万，中下者亦以百万计，其实力之强，达到徽商历史上空前绝后的地步。

民国《歙县志》回顾康熙、雍正及乾隆时期徽州盐商的盛况，称：

> 两淮八总商，邑人恒占其四。各姓代兴，如江村之江，丰溪、澄塘之吴，潭渡之黄，岑山之程，稠墅、潜口之汪，傅溪之徐，郑村之郑，唐模之许，雄村之曹，上丰之宋，棠樾之鲍，蓝田之叶皆是也。彼时盐业集中淮扬，全国金融几可操纵，致富较易，故多以此起家。席丰履厚，闾里相望。

"总商"指两淮盐商的领袖，他们既代表盐商与官府打交道，又代表官府执行盐业政策，财大势雄。据说两淮盐业设有八位总商，歙县一县就占了四席，足以说明徽州盐商势力之大。

竦塘黄氏盐商

明代歙县竦塘(今属徽州区西溪南镇)黄氏盐商,是徽州早期兴起的盐商家族之一。万历年间歙县方志称:“邑之以盐策祭酒而甲于天下者,初则有黄氏,后则汪氏、吴氏相递而起,皆由数十万以汰百万者。”这里所说的黄氏就是指竦塘黄氏。“初则有黄氏”,足见竦塘黄氏是徽州资格最老的盐商家族。

据成书于嘉靖四十一年(1562)的《竦塘黄氏统宗谱》记载,竦塘黄氏外出经商甚早,黄道遇(1360—1399)在明代初年就“贾于燕齐淮扬”。到了成化、弘治年间,竦塘黄氏经营两淮盐业的就非常多了,据黄氏家谱记载,先后有黄玄赐、黄崇敬、黄惟庸等十几人在两淮地区经营过盐业,嘉靖年间(1507—1567)尤其活跃。

今日竦塘村水口

竦塘黄氏盐商具备了徽商的主要特点。他们外出经商往往是为生活所迫,在经营中主要依靠勤劳与智慧,加上有一定的文化,又重视团结互助,因此能够获得成功。如黄五保少时读书即“惟求通大义,识古今之变”,成年后挟资治盐于淮阴,“善察盈缩,与时低昂,以致累累奇赢”。又如黄豹,年轻时即对经商致富者生仰慕之心,一度“挟资以游荆襄南楚”,数度挫折后改到淮南业盐。黄豹历经挫折,也积累了丰富的经验,终于在盐业中找到了用武之地,于是一年自给,二年丰足,三年大盛,成为当地的一位大贾。又如黄崇敬,刚开始在齐鲁燕赵之间经商,后来也到淮扬治盐,“择人任时,取与有义,不效世俗沾沾然竞锥刀微末利”,以经营大家的气概,取得了“资大饶裕”

的成功。

竦塘黄氏盐商重视商业道德，热心公益。如黄氏家谱中记载有黄崇敬的诸多义举：

> 属岁大饥，人且相食，有携子鬻者，公询知其无他出也。谓曰："汝鬻是，谁后汝？"鬻者泣曰："姑活旦夕耳。"公畀之值而还其子。……又邻民有甲者遭乙横诬，将成大狱，若对吏议，则甲乙并偾。然公素行孚于乡闾，力为解纷，甲乙心服，两全其家。……周穷恤匮，慕义如渴，至老不倦，真可为齐民法。若公者古之人欤？古之人也。今年五月遘疾，卒维扬。卒之日，贾者罢市，垒拥哭公，皆曰："义士云亡乎？"

竦塘黄氏经营两淮盐业的成功，是徽商开始在盐业占据优势地位的具体体现。此后的徽州盐商追寻前人的足迹，将盐业经营进一步推向了高峰。

江春“以布衣上交天子”

江春(1720—1789),字颖长,号鹤亭,由于行盐的旗号为“广达”,又称江广达,歙县江村人。江春是清代客居扬州业盐的著名徽商,为乾隆时期两淮八大总商之首。

江春出身盐商世家,他的祖父“担囊至扬州,用才智理盐策,数年积小而高大”,白手起家,成为两淮盐商的中坚人物。江春的父亲江承瑜也从事盐业经营,为两淮总商之一。江春早年刻苦读书,二十二岁参加乡试,但名落孙山,于是弃举从商,协助父亲经营盐业。父亲去世后不久,江春接任两淮总商。他广交官府王侯,熟悉盐法,精通商务运筹,练达多能,在担任两淮盐业总商的四十余年中,充分发挥了自己的谋略与才华,先后受乾隆皇帝赏赐“内务府奉宸苑卿”“布政使”等头衔,举荐至一品,并被赏赐顶戴花翎,为当时盐商仅有。

乾隆皇帝六下江南,均由江春父子筹划张罗接待,即所谓“江春大接驾”。乾隆曾于金山行宫召见江春,并亲解御佩荷包香囊,面赐其佩带。乾隆还两次亲临江春的别墅康山草堂,赐金玉古玩,题写“怡性堂”匾额,以“盐商之财力,伟哉”赞叹江春富可敌国。乾隆五十年(1785),江春等盐商献银100万两,祝贺乾隆登基五十大典,大得赏识,受邀参加“千叟会”,并与乾隆同宴,受赐锡杖。

江春平生乐善好施,《扬州画舫录》中记载了他踊跃急公、务实办事等突出事迹达十八处。据《两淮盐法志》载,从乾隆十六年(1751),皇帝首次南巡,驾临扬州,至乾隆四十九年(1784),江春与他人“急公报效”“输将巨款”达1 120万两。特别值得一提的是,江春家里的戏班“春台班”,在乾隆五十五年(1790)前后与“三庆班”“四喜班”“和春班”相继入京为乾隆皇帝八十大寿祝寿演出,即历史上著名的“四大徽班进京”。

江春晚年,因两淮盐业开始衰败,家财耗费一空,不得不靠“皇帑”资助的方式维持运营。乾隆三十六年(1771),乾隆皇帝赏借江春30万两皇帑,以资助他营运盐业。乾隆五十年(1785),又赏借25万两皇帑给江春,按一分起息。江春去世后，到嘉庆六年(1801)，嘉庆皇帝又因江春之子江振鸿资本未充，赏借5万两白银作为他营运盐业的资本。乾隆和嘉庆两代皇帝对一介商人如此关怀备至，在中国历史上实属罕见。

相传，乾隆皇帝游览扬州，信口问道：“瘦西湖有无白塔?”官吏巨商无言以对，唯江春随口应道“有”。乾隆当即降旨，明日至瘦西湖观塔。其实湖畔无塔，这“欺君之罪”如何了得？江春事后心急如焚，于是连夜派人搬运食盐，用盐堆起了一座白塔。翌日，蒙蒙大雾弥锁了湖光山色，乾隆在画舫上透过朦胧的雾气，隐约间看见了巍峨矗立的白塔，龙颜大悦。乾隆离开扬州后，江春在盐塔的基地上赶建了一座真正的白塔。江春一夜造白塔的故事至今仍为人津津乐道，当时人称颂江春“以布衣上交天子”，“同业中无不以为至荣焉”。

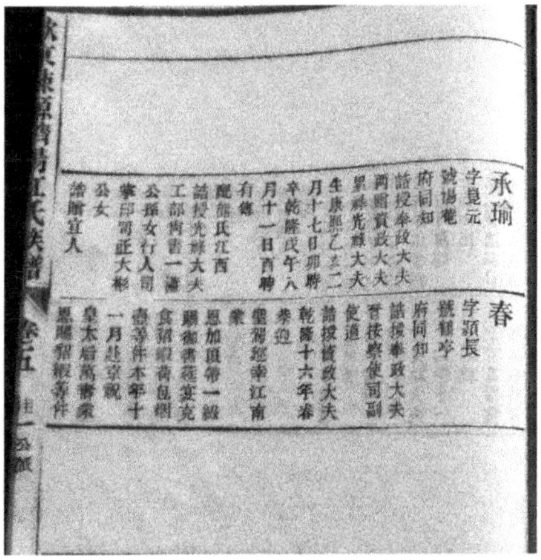

清代江氏家谱中有关江春父子的记载

两淮盐业总商鲍志道

鲍志道（1743—1801），字诚一，号肯园，歙县棠樾人，清代徽州盐商领袖之一。

鲍志道

鲍志道幼年家中贫困，十一岁离家到江西鄱阳学做生意，此后曾在多地辗转谋生，二十岁时到扬州，协助同乡吴尊德经营盐业，矫革陋习，迅速起微转显，声名由此远播。此后，鲍志道独立经营盐业，进一步革新陈规旧例，清除腐败，在经营上“动操胜算”，不数年，一跃成为扬州盐商巨户，被推举为两淮盐业总商。任总商期间，他继续推行盐业界的全面改革：调整人事制度，选贤任能，精简勤杂人员，严明奖惩，创设一商舟溺、众商攒助的“津贴法”保险制度，等等，深得众商的拥护。他与歙县盐商郑鉴元，共同倡导程朱理学，并将“修身齐家治国平天下”的大道理贯彻到日常生活中，在众商中起到了振聋发聩的功效。鲍志道任总商二十余年，以其干练机敏的才能，斡旋于官商之间，无论盐业的消长赢缩，以及公私百役，巨细大小，都处理得井井有条。他在两淮盐务面临凋敝之际，“精心佐计，完物争时”，运用“张弛万变”的手腕，一举振兴两淮盐业，藏镪百万，时称江南首富。

鲍志道非常重视对子弟的培养，延请名师坐馆讲学。他还捐助士子读书应试，资助文人著书立说，捐重金修建徽城紫阳书院和城外山间书院，等等，助学、劝学言行不一而足。鲍志道不娱声色，好交文人硕彦，著名诗人袁枚与他交谊极深。

鲍志道的长子鲍漱芳，自幼随父于扬州经理盐务。嘉庆年间，因率领众商输饷有功，被任命为盐运使。嘉庆十年(1805)，洪泽湖堤涨决，淮黄继发大水，鲍漱芳集议公捐米6万石、麦4万石赈济，使数十万人获救。此外，还先后为抢险护坝、疏浚河渠等集众输银300万两。为疏浚江都芒稻河，鲍漱芳独捐银6.5万两，受到朝廷的一再优叙晋级。鲍漱芳于乡里亦多施善行，兴里社，筑水坝，置义学，修道路，周济贫困婚葬，并遗命其子鲍均捐修府学，重建忠义祠。现存歙县棠樾牌坊群之一的“乐善好施”牌坊，就是嘉庆皇帝降旨为旌表鲍氏父子而立的。

徽商典当业

明清时期，商品经济蓬勃发展，白银作为货币广泛流通，凡纳税、俸禄、交易、借贷无不用银，自然经济受到冲击，整个社会的经济生活逐渐步入市场的轨道。对于广大的社会中下层来说，在遇到粮食青黄不接或资金周转不灵时，为取得银两，典当成了必不可少的一条出路，因此，典当业获得了迅速发展的空间。在当时全国几个主要经济中心，尤其是苏浙一带，徽州典商占有压倒性优势。明代扬州的当铺主要由徽商经营，万历《扬州府志》记载："新安诸贾擅其利，坐得子钱。"明代晚期，在南京共有当铺五百家，主要由徽州人和福建人经营，福建当铺本钱少，利息要三四分，徽州当铺本钱厚，取利仅一二分，在竞争中占有明显优势。

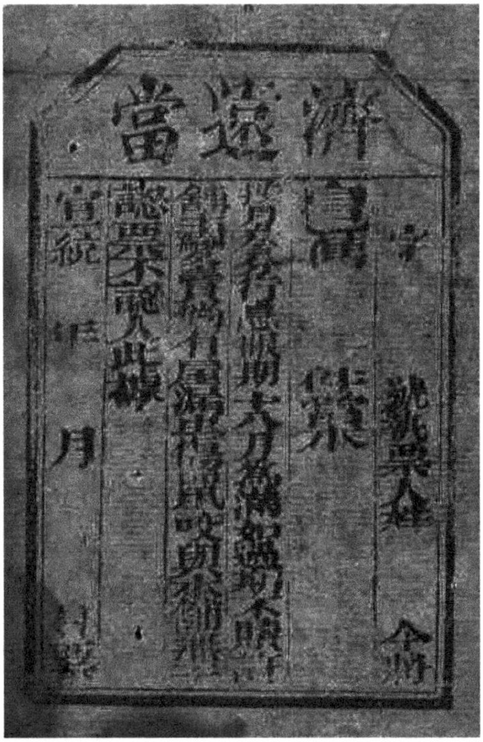

清代当票

徽州典商除经营借贷外，往往同时兼营存贷款，当铺兼钱庄的非常普遍，在当时的金融业中占有非常重要的地位。在徽州各县中，休宁人最善于经营典当业，"治典者，亦惟休称能，凡典肆无不有休人者，以专业易精也"。徽州典当业的兴盛，使休宁话成为典当业界的通用语言。宋元以来，徽州人对长辈的尊称"朝奉"一词，亦成为对典当业业主、掌柜的通称。鼎盛时期的徽州商帮势力能够达到"全国金融皆可操纵"的程度，这里的金融主要指的就是典当业和钱庄。

徽商典当业的经营直至清代晚期

和民国年间还很兴旺。太平天国战争时期，徽州典当业损失很大，但战后得到了迅速恢复。光绪年间，上海、武汉等地典当业中的朝奉仍然基本由徽州人担任。民国年间，在武汉徽商最发达的就是钱庄、当铺和典衣店。在九江，典当资本额需要十万至三十万银两，当铺大部分是由休宁人独资开设的。当时全国最大的经济中心上海，是徽州典当业最为集中、实力最强的地区。休宁商人汪厚庄，在徽州本土经营典当业成功后，进军上海，开设了好几家以“鸿”字为招牌的当铺，如“鸿顺”“鸿兴”等，其中“鸿兴”资本达50万银圆，其规模在当时的典当业中是相当大的。汪厚庄的当铺在内部管理上有一套成规，分工精细，制度严明，对货物鉴别能力极高，在取利上以物品为准，取利一、二、三分，较其他当铺为低，与贫民不无裨益，因此客户众多。

正因为徽州典当业资金雄厚，实力强，所以其地位相当突出。上海的第一个典业商会——上海典业公所，就是休宁典商黄日焕于清同治十年(1871)发起组织的。光绪十八年(1892)，公所议订同业营业章程，勒石竖于公所前。其中第七条规定：“上海典铺星罗棋布，已遍城乡。倘再有新创之典，必须同业集议，基址离老典左右前后一百间外。”这个规定排斥新开当铺，显然是为了保护已经在上海占据优势的徽州典商的利益。

徽商木业公所

木业是徽商经营的主要行业之一。徽州是江南重要的木材输出地，徽商经营木业很早，宋代就小有名气，明清时期达到高峰。徽州六县经营木业者均不乏人，而以婺源人为最多。咸丰、同治年间的战乱中，徽商木业所受损失不小，但战后恢复较快，到光绪中叶，基本恢复了元气。晚清和民国年间，木业在徽州经济生活中的地位与茶业相近，为重要的经济命脉。

徽州木商早期主要经营新安江流域的木材。明清高峰时期，木材资源地从徽州本土扩展到长江中游的两湖地区、上游的云贵川地区，木材消费市场则主要在江南地区，以南京和杭州为主要集散地。除了江南地区以外，在苏北、江西、两湖、皖北地区也有一定的规模。

木行是徽商经营木业的主要商业组织，一般由拥有巨资的商人、官绅或地主开办，由从事介绍交易、提供仓储发展到为木商提供食宿、代客垫款、收账、代办运输、起卸、纳税等等。木行同时向社会吸引存款，向木商发放贷款，收取利息。木商需要向借款木行出售木材，生意做成，木行还可坐收行佣。有些木行还从事贩木。因此，木行不但可以收取中介酬金，而且可以收取货款利息，在物价稳定的情况下，拥有可观的利润。随着徽商木业的兴旺，众多的木行需要有处理整个行业共同事务的行会组织，即木业公所，其中规模最大的是杭州的徽商木业公所。

杭州的徽商木业公所兴建于清乾隆年间，由婺源人江扬言在杭州候潮门外创建，又名徽国文公祠。咸丰、同治年间，太平军与清军在杭州激战，当地木商损失极大，公所亦遭到严重破坏。光绪年间，经过徽商的艰辛努力，当地木业重新有了起色，徽商木业公所重新发达起来。该公所由所有在杭州营业的徽州木商和木行组成，光绪末年经常参加的木行和商号有三百多个，年经营额约50万银圆。公所日常事务由董事负责处理，董事由众商推举公认人品端方者出任，任期三年，到期必须重选。公所的资金来源于众商的捐款，捐款均由公所委托的资本雄厚、信誉良好的木行从木价中直接扣除，其他的收入包括房租、存款利息等。财务管理制度严格，运行良好，能够“年年有余”。公所的主要功能为：代表徽州木商与官府和社会各界打交道，维护和扩大徽商的经营权益；协调处理徽州木商内部的争端，团结一致，共同对外，公所争取来的各项权益只能由加入公所的木商享受；从事社会公益事业，为杭州新安惟善堂募集捐款等。公所具有强烈的地域性和排他性，一切只为徽州木商服务。公所的领袖往往同时具备官绅身份，通过官、绅、商的紧密结合，在动荡岁月中维持了长期的经营。

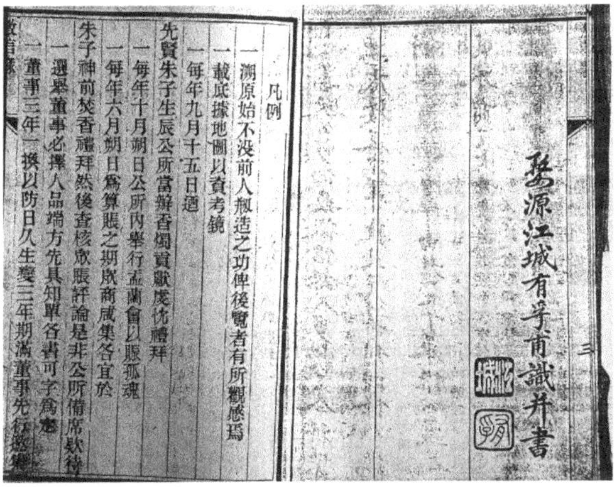
婺源江城有孚甫識并書

凡例

一溯原始不没前人締造之功俾後覽者有所觀感焉

一載底據地圖以資考鏡

一每年九月十五日適

先賢朱子生辰公所當辦香燭費獻虔忱禮拜

一每年十月朔日公所內舉行盂蘭會以賑孤魂

一每年六月朔日爲算賬之期衆商咸集各宜於

朱子神前焚香禮拜然後查核衆賬評論是非公所備席款待

一選舉董事必擇人品端方先具知單各書可字爲憑

一董事三年一换以防日久生變三年期滿董事先行

清代杭州徽商木业公所征信录

绿茶鼻祖松萝茶

松萝茶是中国绿茶的鼻祖，是徽州茶业对中国茶文化的独特贡献。明隆庆年间（1567—1572），苏州虎丘寺一位法号大方的僧人，到休宁县松萝山结庵传法，采摘山茶，进行焙制。大方和尚茶艺高超，所制茶叶口感宜人，人称“松萝茶”。

1984年5月，休宁村民在松萝山古庙遗址中挖掘出一块大石碑，题为《松萝山碑记》，镌刻于明万历三十六年（1608），由休宁人兵科给事中邵庶撰文。碑文中记载了当时的松萝山“北窥黄山，南宾白岳”，“群山环抱，庙门独开”，提到“名僧大方，岁岁辛劳，精心培制”，描述了“清明雨前，茗香飘逸，茶商云集，竞相争购”的盛况。该碑以强有力的第一手证据，证实了松萝茶产自松萝山。

清代版画《松萝山》

现代医学证实，茶叶中含有多种有益人体健康的营养成分和药效成分，而松萝茶尤为出色，被誉为“绿色金子”，素有“药茶”之称。由于松萝茶在饮用和药用中的独特优势，一经面世，就迅速风行起来。万历年间谢肇淛在《五杂组》中记道：“今茶品之上者，松萝也、虎丘也、罗齐也、龙井也、阳羡也、天池也。”松萝茶名冠天下后，深得明清两代皇室的喜爱。明末宦官吕毖所著《明宫史》，记载明代皇宫中饮食好尚称：“茶则六安、松萝、天池、绍兴岕茶、径山茶、虎丘茶也。”据同书所记，明代皇宫每年需松萝茶约二千驮，数量很大。《钦定大清会典则例》记载：盛京皇陵每年祭祀应用果品二十一种，其中包括松萝茶六十五斤。由此看来，清代皇室不但饮用松萝茶，还把它作为祭祀祖先的贡品。

松萝茶成为全国性的知名品牌后，需求量急剧增长。徽州各地出现了大量仿照松萝法炒制的茶叶，都称为松萝茶。松萝茶能够泛化为整个徽州绿茶的代表，除了徽州水土孕育的优良品质和大方和尚的精良制作技术外，徽商茶叶贸易的发达也是非常重要的因素。茶业是徽商经营的仅次于盐业的第二大行业。徽州府志和各县县志中记载了大量的茶商，其人数之多，居各行业之首。徽商足迹遍及宇内，也将松萝茶贩运到了全国各地。到了明代末年，随着东西方航路的开通，松萝茶漂洋过海，行销至欧美，一度成为中国绿茶的代表。

1745年1月11日，瑞典东印度公司的哥德堡号货船离开广州返程，9月12日，在距哥德堡不到1千米的地方触礁沉没。1984年，瑞典方面将哥德堡号打捞上岸，惊奇地发现锡罐中所装的绿茶竟然还能饮用，而且就是松萝茶！上海茶文化专家卢祺义先生在1993年第4期《农业考古》上发表的论文《乾隆时期的出口古茶》中写道：

> 谁能想象，被海水与泥埋淹近250年的沉船又见天日。更惊奇的是，分装在船舱内的370吨茶叶，一直没被氧化，其中一部分还能饮用。笔者亲泡一小杯，轻啜几口，虽茶味淡寡，似有木屑香气，口味却是悠长的。

2008年4月15日，休宁县政府前往杭州中国茶叶博物馆，迎接哥德堡号松萝茶样品返回故乡。“百年松萝回娘家”，实为一时盛典。信奉禅理的大方和尚在松萝山制茶之初，或许想不到经他之手创制出的松萝茶，竟会结下如此特殊的机缘吧！

祁门红茶的崛起

祁门为徽州产茶大县，但初期只生产绿茶和半发酵的安茶，直至祁门红茶试制成功后，才确立起自己的独特品牌。

黟县人余干臣在同治年间曾任福建崇安县令，同治十年(1871)回乡，他见家乡产茶，遂仿福建红茶试制功夫红茶并取得成功，继而又在祁门县闪里开办红茶分庄，此为祁门有红茶之始。然余氏本小力簿，未能形成气候，祁门红茶的真正大发展是由胡元龙和谢步梯等人实现的。

茶艺表演

胡元龙(1835—1924)，字仰儒，祁门贵溪人。其祖上原有茶山“培桂山房”，茶树万余棵。胡元龙接手后，扩大规模，亲自带领雇工三十余人，长年累月耕种深山，发展到茶山200余亩、茶树10万余棵。同治末年，绿茶滞销，胡元龙着手改良。光绪元年(1875)，他从江西宁州(今修水县)请来茶师仿宁红制法，试制祁红成功，运售九江，但销路不畅，连遭亏损，以致负债累累。但胡元龙毫不气馁，再图良策，后改为在村中设厂，取名号“胡日顺”，运售汉口，销路顿开，英、美、法等国茶商亦多采购，产量逐年增长，茶价日渐增高，雇佣的制茶工人逐渐扩展到湖口、婺源等地，茶的品质也得到提高。胡日顺红茶在1915年巴拿马万国博览会上获得金奖，胡元龙为祁门红茶的制作和发展做出了杰出贡献，有“祁红鼻祖”之誉。

祁红以自己的特色在国际市场上深受欢迎，其条索紧秀，峰苗好，乌黑中泛灰光，俗称“宝光”。其内质香气浓郁高长，似蜜糖香，又蕴藏有兰花香气，汤色红艳，滋味醇厚，回味隽永，叶底嫩软红亮，逐渐成为世界性的知名品牌。市场打开后，祁红加工技术也随之扩散，很快覆盖到整个祁门茶区。

谢步梯（1888—1947）也是祁红的重要推广者。谢步梯擅长经营，以执掌祁红生意而富甲一方。他在全县开设多处茶号，并以资本雄厚著称，且效益较好。

经营祁红的中小茶商非常多。到1947年，设于祁门县城、四乡和浮梁县的祁红茶号有308家，号内人员3 000余人，加上各地的茶农，依靠祁红生活的在数万人以上。祁红创始者的功绩可谓大矣。

新中国成立以后，祁门红茶获得了进一步的发展。1979年，邓小平同志在徽州视察期间，曾评价祁门红茶：祁红世界有名。1980年，祁门红茶获国家优质产品奖章。1982年，邓小平接待英国首相撒切尔夫人访华，用祁门红茶招待。1983年，祁门红茶获国家出口商品优质荣誉证书。1991年，江泽民同志访问苏联，将祁门红茶作为国礼相赠。2010年在上海世博会上，祁门红茶被评为十大名茶之一。

茶业大王汪裕泰

上海汪裕泰茶庄是近代徽州最大的茶业企业之一，其创始人为汪立政(1827—1895)，字牧民，一字以德，绩溪县八都余川村人。

汪立政

汪立政十四岁外出上海做学徒，在上海族人店中，因“服劳尽职，每筹策咸洞中机宜”，受到店主信任，被委以出纳之任。二十四岁时，汪立政于上海旧城老北门(今河南路)开设了汪氏的第一爿茶叶店，冠名为“汪裕泰茶庄”。由于汪立政精于谋划，知人善任，不惜重金聘用技艺超群的茶工，以名贵花卉窨制南北名茶十余种，其茶叶不仅香味纯正，且茶汁浓厚，备受顾客青睐，店业渐盛。家谱中称赞他：公练达世务，智虑奇伟，有大志，待人尤诚慤，豁露肝胆，不欺一诺，以是所业隆隆日上，闻誉交驰。前后三十年间，相继于上海、苏州、奉贤等处创列九肆。

汪立政作为开创者，为汪裕泰茶庄的发展奠定了坚实的根基。

汪惕予(1869—1941)，谱名志学，又名自新，字惕予，以字行，为汪立政次子，是汪裕泰茶庄的第二代传人。宣统元年(1909)后，汪惕予相继在福州路、南京中路增设茶庄。由于资财日厚，他又谋划拓展茶叶商路。民国十六年(1927)，汪惕予选择杭州西湖畔的最佳地段，投巨资百万购地近百亩，兴建“汪庄”别墅。别墅内设茶叶门市部，营销龙井等名茶，并设“品茗斋”，以供客商品茶；设“众仙楼”，作为与政、文、商界名士聚首交谊之场所。汪庄外的竹斋街开设了杭州汪裕泰茶栈，经营茶叶的购销业务。

汪惕予次子汪振寰，赴日本早稻田大学习商科，毕业回国，执掌汪裕泰茶号，为第三代传人，取得胜过前人的成绩。汪振寰精通日语和英语，在商场中结识了不少国内外商界人士以及海关官员，于是，他在抓好国内市场的同时，积极开拓国际茶业市场，并争取外汇，在金陵西路怡乐里和塘沽路河南路口增设了进出货加工栈房两处，专门精制适销对路的大宗出口茶货。

汪立政祖孙三代经营茶业，其影响居上海茶业界之首，有“茶叶大王”之称。宣统三年至民国二十八年（1911—1939），为汪裕泰茶号的鼎盛时期，共开设茶庄8爿、茶叶加工栈房（茶厂）2处、分店4爿，拥有进口十吨大卡车2辆、小轿车3辆，尤以浙江中路分号规模最大，占地十余亩，前有环境幽雅的花园，园中建有西式灰白相间的住宅楼，且设持枪门警保安。

抗战爆发后，日寇入侵，市面萧条。汪振寰被迫关闭部分茶庄和分店，并将一部分资金转移到国外，先后在日本、英国、美国、摩洛哥等地设“茂昌茶行”数爿。留在上海的各茶庄新中国成立后均转为国营上海茶叶公司。杭州的汪庄别墅则改作接待党和国家领导人、外国元首等贵宾的浙江西子宾馆，毛泽东主席曾先后多次下榻于此。

“红顶商人”胡雪岩

胡雪岩(1823—1885),名光墉,字雪岩,以字行,绩溪县胡里村人,晚清时期著名徽商。

胡雪岩

胡雪岩是从一个贫寒的小学徒成长为大商人的。幼年时家境贫寒,十四岁到杭州“信和钱庄”当学徒,从杂役干起,三年师满后,因为人勤劳、踏实,成为钱庄的正式伙计。积累了一定本钱之后,胡雪岩自己独立经营钱庄,并逐渐壮大。胡雪岩以杭州经营的钱庄为本业,扩展到当铺和房地产,触及盐业、茶业、布业、航运、粮食和中药等行业,甚至介入军火买卖。胡雪岩旗下的阜康钱庄,在各地设有二十多个支店,它和创建于杭州清河坊大井巷的国药号胡庆余堂,一起成为胡雪岩事业的两大支柱。

咸丰十一年(1861),太平军包围杭州,胡雪岩协助浙江巡抚王有龄,由上海运军火、米粮、银钱以接济杭州城内清军,但被太平军击退。杭州最终因缺粮陷落,王有龄自缢身亡。次年,清军克复杭州,胡雪岩在浙江布政使蒋益澧引荐下,协助时任闽浙总督的左宗棠与上海的“常捷军”联系。胡雪岩的作为给左宗棠留下了深刻印象,左宗棠后来在奏折中提到:

> 按察使衔福建补用道胡光墉,自臣入浙,委办诸务,悉臻妥协。杭州克复后,在籍筹办善后,极为得力。其急公好义,实心实力,迥非寻常办理赈抚劳绩可比。

同治五年(1866),胡雪岩协助左宗棠创办福州船政局。同年,左宗棠调任陕甘总督,胡雪岩在上海为他办理采运和订购军火,为左宗棠成功收复新疆立下了汗马功劳。

胡雪岩长于经营之道,富甲一时,被誉为一代巨贾。他还具有清朝官员身份,并积功升迁至布政使衔的从二品官阶,所戴朝冠顶上饰以镂空珊瑚,俗称“红顶子”,故又被称为“红顶商人”。以商人的身份戴红顶子,是清朝极少数的特例。胡雪岩事业有成后,大兴土木,营造庭园,其资产最多时达1 000万两白银。

福祸相倚。胡雪岩在商场驰骋多年,靠的是官府后台,其最终的失败,也是由官场后台的坍倒和官场的倾轧所致,成为左宗棠与李鸿章政治斗争的牺牲品。李鸿章为了遏制左宗棠的势力,亟言“白银更胜白米,钱根即是命根”,所以排左必先除胡,决心打击胡雪岩。

胡雪岩失败的直接原因是野心过大,急于扩张,出现决策性失误。他试图垄断江浙生丝生意出口,触怒了洋商。光绪八年(1882),胡雪岩投资2 000万两(包括挪借资金在内),囤积生丝,试图垄断居奇,“举江浙二省之育蚕村镇而一律给予定银,令勿售外人,完全售与胡氏”。洋商被彻底激怒,“共誓今年不贩生丝”,加上当年恰逢世界经济危机,致使上海生丝滞销。胡雪岩存放了一年的生丝无法出手,最终折本出售,损失800万两。而李鸿章的亲信、上海道员邵友濂又故意拖延胡雪岩的经费二十余日。胡雪岩缺乏现金,无奈之下从自己的钱庄调现银80万两周转。一时间,人人都传胡雪岩积囤生丝大赔血本,正在挪用阜康存款,胡雪岩名下的钱庄因此发生了大规模挤兑。挤兑首先发生在杭州,随后导致各地皆发生挤兑风潮。光绪九年(1884)年底,京师阜康分号关闭。接着,镇江、宁波、杭州、福州、金陵、汉口、长沙等分号亦相继闭歇。光绪十年(1884),阜康钱庄彻底破产,负债累累,胡雪岩被迫遣散姬妾仆人,次年冬天在孤寂潦倒中离世。

墨业领袖胡开文

墨业是徽商占有垄断性优势的行业之一。自南唐李廷珪父子制墨成功之后，徽州历代都有著名的墨工。宋代徽州制墨业的一大进步，是创立了油烟墨。当时徽州墨工流派纷呈，名家辈出，张遇、潘谷、吴滋等等，都是当时徽州墨业的著名人物。明代是徽墨发展的黄金时期，据明末麻三衡的《墨志》记载，徽州墨工中有一百二十多位名家，产品除供应国内，还远销日本、东南亚。这一时期徽墨不仅品质精良，而且墨的图式、墨印的雕刻各尽其美，达到历史的新高，涌现出了一大批制墨专著，如程大约的《程氏墨苑》、方于鲁的《方氏墨谱》等等。清代的徽墨，先后出现了“四大家”，即曹素功、汪近圣、汪节庵、胡开文。胡开文虽然创业最晚，但后来者居上，成为近代徽墨业的领袖。

胡开文墨业的创始人是绩溪上庄人胡天注(1742—1808)，他在休宁县城海阳镇的汪启茂墨店中做学徒，出师后娶汪启茂之女为妻。由于汪家的墨店经营不善，遂由胡天注承顶了汪氏的墨店。胡天注接手后，专注于提高墨的品质，经过苦心经营，墨店逐渐恢复了生机，店名亦更改为“胡开文”，成为胡氏墨店的根基。

胡天注雕像

胡天注去世后，次子胡余德受命主持家务。他从二十岁即开始经营墨业，经验丰富，又富有经商才能。他精于原料选配，在黟县渔亭创办了正太烟房，确保了原材料的质量与供应，对生产工艺要求严格，墨模十分精致，质量过硬，所制“苍佩室”墨，造型新颖，墨质精良，曾被阮元选为进贡嘉庆皇帝的贡品，因此名声大震。胡余德将胡开文墨业推向了第一个高潮。

胡余德有九个儿子，胡开文墨业的第三代传人是胡余德的次子胡锡熊。他当家的时候遇到了咸丰、同治年间的战乱，休宁、屯溪两地几次遭受兵火，胡开文老店也遭受了一定的损失，但胡家努力结交官府。曾国藩驻军徽州期间，因胡锡熊积极结纳，曾为其书写过“胡开文墨庄”的招牌，提供了一定的保护。因此，胡开文墨业与同行相比，损失不仅不算大，而且利用其他墨店不景气的机会，反而进一步扩大了市场份额。当时的休宁胡开文老店，有职工百余人，年产墨约三百担，元气仍在。

在胡开文墨业第四代传人胡贞观手上，店业的发展规模远远超过了前人，休宁老店的资本额在光绪年间达到了20万银圆，成为一家具有相当规模的企业。在1915年巴拿马万国博览会上，胡开文墨荣获金奖，此后一直在徽州墨业中稳居头把交椅。胡贞观和他的族人将胡开文的分店开遍了全国，包括属于休宁老店系统的宣城、歙县、芜湖、安庆、汉口、苏州、扬州、上海、杭州、长沙的分店，以及非休宁老店系统的芜湖胡开文源记、九江胡开文亨记、南京胡开文利记、汉口胡开文贞记、上海和天津的胡开文广记、上海的胡开文益记、安庆的胡开文立记等等，形成了一个庞大的墨业集团。新中国成立初期，胡开文墨业在全国28个市镇有墨店84家，职工近千人。

从胡天注创业开始，胡开文墨业持续经营至今，超过200年，这不但在徽商中是罕见的，在中国私营商业史上也是不多见的。

地皮大王程霖生

程霖生（1885—1943），名源铨，字霖生，以字行，歙县冯塘人，近代著名徽商。

程霖生

程霖生的父亲程德成，咸丰年间去上海谋生，后成为英商沙逊洋行买办，沙逊在上海购置的地产均由其经手买办。程德成意识到上海的地价将普遍上升，并特别注意到西区地价上升的势头，必甚于已繁盛的中区，于是他不遗余力把拥有的资金和所有能够取得的信贷，大量购置西区地产，并以新购的地产再押款，再购置。所置产业有多达数十亩、两面是马路的建房基地（今南京西路常德路口静安公安分局和南京西路1522弄花园住宅群址），以及三面临马路、面积近百亩的大块地产（如南京西路、北京西路与石门二路交叉地段，即德义大楼和王家沙花园路两侧的和合式花园洋房等基地）。事实证明，西区成为租界新区后，市政建设日臻完备，人口不断增多，华洋巨贾也纷纷从租界中区迁往西区营建住宅，过去每亩地报价数百两至千两的宅基地，在三五年内竟涨至万两以上。程霖生继承父业后，因上海日趋繁荣，地价猛涨，收进地租、房租极多，累计约白银6 000万两，被称为上海“地皮大王”，是上海滩最富有的华人之一。程霖生还曾开厂生产味精，投资大新公司（上海四大公司之一），开设永大金号、衡吉钱庄等，是当时上海商界的著名领袖。

程霖生的垮台是从金融投机开始的。1927年至1929年，上海标金市场涨落极大，程霖生认为有利可图，开始做起标金投机。初战告捷之后，他便放胆大做买空卖空，盈亏常以数十万、百万计。当投机失利、手头开始拮据后，以其声望和偌大房地产的厚实基础，尚不难通融巨款。但当泥潭愈陷愈深后，银行和钱庄看到他只借不还，于是不再续借，程霖生不得不转向外国银行借款。他曾向英商德和洋行借款300万两，而洋行并不相信他的信用，提出要有可靠的抵押品，并须控制抵押品的日常收益，程霖生因急需巨款翻本，不得不拿出最心爱的产业用作抵押。曾几何时，千万家私，尽付东流，还负了一身债。最后，他不得不宣告破产。1931年破产清理时，其所欠债款竟超过2 000万两，一度对整个上海工商界造成严重冲击。

程霖生爱好古铜器和古书画，藏有古彝器150余件，并不惜重金收藏石涛、八大山人、雪庄及新安诸家的作品，辑有《石涛题画录》五卷。破产后，程霖生晚年依靠出售字画为生。

程霖生曾支持陶行知创办南京晓庄师范、淮安新安小学、歙县王充工学团。他对家乡公益事业贡献尤多，捐资出版民国《歙县志》，独资栽植杭徽公路两旁树木，赠送发电机开办屯溪电灯公司，捐资修复渔梁坝、凤凰桥……程霖生曾担任歙县旅沪同乡会会长、歙县旅沪同乡普及歙县教育助成会主任等职。

布业领袖汪宽也

布业是徽商经营的重要行业之一。明朝中叶之后，江南棉纺丝业迅速发展，大宗棉布的长途贩运大规模兴起。徽商人数较多，善于经营，尤其以长途贩运见长，在市场迅速扩大的背景下，徽商经营的棉布业迅速发展，成为江南棉布业最主要的经营者。江苏无锡是著名的棉布业中心，徽州布商在无锡占有主导地位，常收无锡布匹，运往淮安、扬州、高邮、宝应等处贩卖，一年交易额数十万、百万两。无锡开设布行的徽商，经营得法者，数年即可致富，因此无锡时称“布马头”（即码头）。

近代徽州布业中经营最为成功的当数上海的祥泰布庄。这个商号是汪厚庄在上海的众多产业之一，其成功则主要得益于汪宽也。汪宽也（1866—1924），名声洪，字宽也，以字行，休宁县城西门人。他是汪厚庄的族侄，因家贫辍学，在祥泰布庄当学徒，由于为人精明能干，办事负责谨慎，三十岁即被汪厚庄提升为布庄经理。汪宽也感念知遇之恩，倾注全力，悉心经营，在他的策划下，创造出了以“祥泰”命名的知名品牌棉布——“祥泰牌”毛蓝棉布。这种布用途广泛，可以用来制作长衫、短褂、背心、学生装、套裙等。汪宽也利用长江三角洲盛产土布的优势，以略高于同行的价格大量收购土布，然后聘请徽州一流的染工染色，制造出的布质地细密耐用，色泽鲜艳不褪色，穿着舒适，其质量超过了当年风靡一时的阴丹士林布，广受消费者喜爱，不仅行销全国，而且出口到东南亚和法国。祥泰布庄在汪宽也的手上获得了惊人的发展，其创立时的资本约为500银圆，到光绪二十二、二十三年（1896—1897），祥泰的营业额达到160万两，一年贩卖的棉布量高达400万匹，雇佣员工120余名，坐上了上海布业的头把交椅。

汪宽也为人正直，热心公益，深得同行敬重。清末和民国年间，他曾出面联合上海布业反对官府的苛捐杂税：

有清之季，供布未罢，官责布商任运输，名曰津贴，公目为苛政。丁未春，合王……诸君，禀请督抚，咨部撤销，积年秕政一旦豁。民国纪元，公以布捐由榷局散征，苦苛扰，不若由同业公认汇，节其繁费。

汪宽也

汪宽也凭借出众的业绩和威望，担任了上海布业同行组织——绮藻堂布公所的总董，成为上海布业界的领袖。汪宽也1922年病逝于上海，上海布业公所捐资为他铸有一座纪念铜像，立于豫园湖心亭东侧。

汪联洪与上海公估局

秦汉以后，法定货币一直是铜钱。明代中期开始，白银广泛流通，成为商业交易中的主要货币，并逐步成为国家政权的征税货币。清代，由于中外贸易的发展，相当数量的外国银币进入中国市场，特别是西班牙和墨西哥银圆在中国流通相当广泛。清政府直至光绪年间才正式铸造自己的银圆，正面为青龙图案，又称“龙洋”。民国年间，北洋政府和国民南京政府先后铸造过正面有袁世凯和孙中山头像的银圆。而中国民间交易中则常用银元宝，此类元宝既有官方铸造的，又有民间自铸的。如此众多的银币，其重量和成色极不统一，给市场交易带来了极大的困难，客观上需要一个能对银的成色和重量进行统一鉴定的机构，黟县人汪联洪创办的上海公估局就是在这种背景下应运而生的。

汪联洪，黟县黄陂人，“精娴圜法，工辨银色，真伪立分，在上海创建公估局，联洪综其事”。汪联洪之子汪兰庭、汪祖庭及孙汪立三人先后继承其业，经过三代人的发展，上海公估局成为专门鉴定银币成色的权威机构。民国年间《上海县志》对公估局的地位和作用有专门的记载：

上海公估局，仅北市一家，系安徽汪兰庭所创办，为银钱业及各商所公认。市上元宝须由公估局批过方可通用，批费每只银二分四厘，获利颇巨。倘有偷漏未批，查出须补出批费。批过之宝，各家收回后须一一复平。如有轻重应即更正，否则公估局不任其责。公估方法有二：一为秤量，一为秤色，秤量者谓之管秤，秤色者谓之看色。凡公估时，先由一人将元宝之中央凹部拭净交与管秤者，秤

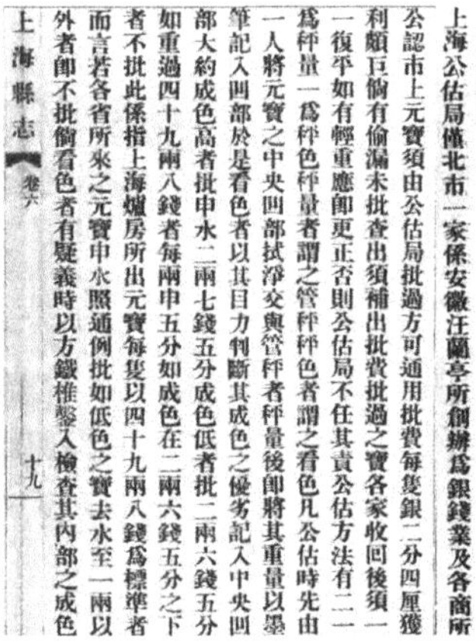
附屬事業
上海公估局僅北市一家係安徽汪蘭亭所創辦爲銀錢業及各商所公認市上元寶須由公估局批過方可通用批費每隻銀二分四厘獲利頗巨倘有偷漏未批查出須補出批費批過之寶各家收回後須一一復平如有輕重應卽更正否則公估局不任其責公估方法有二一爲秤量一爲秤色秤量者謂之管秤秤色者謂之看色凡公估時先由一人將元寶之中央凹部拭淨交與管秤者秤量後卽將其重量以墨筆記入凹部於是看色者以其目力判斷其成色之優劣記入中央凹部大約成色高者批申水二兩七錢五分成色低者批二兩六錢五分如重過四十九兩八錢者每兩申五分如成色在二兩六錢五分之下者不批此係指上海爐房所出元寶每隻以四十九兩八錢爲標準者而言若各省所來之元寶申水照通例批如低色之寶去水至一兩以外者卽不批倘看色者有疑義時以方鐵椎鑿入檢查其內部之成色
上海縣志 卷六 十九

民国年间《上海县志》中关于公估局的记载

量后即将其重量以墨笔记入凹部，于是看色者以其目力判断其成色之优劣，记入中央凹部。大约成色高者批申水二两七钱五分，成色低者批二两六钱五分，如重过四十九两八钱者，每两申五分，如成色在二两六钱五分之下者，不批。此系指上海炉房所出元宝，每只以四十九两八钱为标准者而言。若各省所来之元宝申水照通例批，如低色之宝去水至一两以外者即不批。倘看色者有疑义时，以方铁椎凿入检查其内部之成色，然后记入之。此等秤色全凭其平日之经验，外人见之无不惊叹。

上海公估局当时信誉很高，业务红火。凡经公估局鉴定、注明成色的银元宝，始可在上海市流通。如中央银行、中国实业银行、美商花旗银行、英商汇丰银行、日商正井银行等等，其银元宝均由公估局鉴定，加盖“公”字钢印，才入库、上市。据在公估局工作过的职员回忆，局内大部分工作人员都是黟县人，估色是局内最主要的业务：“看银元宝表面光滑程度，和蜂窝状的底部是否灌有锡、铝等成分(作假)。有经验的评估师傅银元宝一上手，便可准确确定成色，几乎与仪器鉴定不差丝毫。元宝是一箱60只，每只50两，一般一天都要看色称重上万只，不忙时也要估6 000～7 000只。”公估局地位之重要由此可见一斑。

电力先驱吴兴周

吴兴周（1868—1941），绩溪高迁人，是中国近代民族电力企业的先驱之一。

吴兴周

电力是现代工业的命脉，十九世纪六十年代以来，西方开始第二次工业革命，电力开始被广泛运用于社会生活的各个方面。十九世纪九十年代，经济可靠的三相交流电得以推广，电力工业的发展进入新阶段，并被洋商引入中国。光绪末年，吴兴周在芜湖经商，在“提倡国货、实业救国”浪潮的推动下，他和绩溪同乡共同集资招股12万两，光绪三十二年（1906），成立芜湖明远电灯股份有限公司。公司成立了董事会，下设明远发电厂，吴兴周任总经理。光绪三十四年（1908）完成厂房建设，并开始发电。厂房设计、设备安装均由德国西门子洋行承办，主要设备为两台125千瓦发电机，两座200匹马力蒸汽引擎，厂区占地40亩。当时全国范围内只有五家发电厂，芜湖明远电灯股份有限公司则是安徽第一家民族资本的电力企业。

电厂建立之初，遇到了很多困难。当时民间迷信严重，谣传电灯会摄人灵魂以致用户极少，只有官府、大商号使用，因此出现了供大于求的局面。由于入不敷出，一些股东认为无利可图，纷纷要求退股，或低价出售股票。吴兴周顶住各方面的压力，向大清银行高息举债，勉强支撑明远的运转。就在一筹莫展时，1911年，辛亥革命爆发，清政府覆灭，芜湖大清银行倒闭，债务不了了之，明远也因此获得了喘息之机。

第一次世界大战期间（1914—1918），中国民族资本主义获得了一次难得的发展“黄金时期”，吴兴周抓住了机会。当时芜湖的工商业有所发展，工业用电增长迅速。吴兴周以明远电业为基础，在芜湖投资或合股兴办了其他工商业，如大昌火柴厂、益新面粉厂、恒升机器厂、电镀厂、电话局、汽车运输公司等等。

到1925年，随着芜湖机械、纺织、火柴、粮食加工业等的不断发展，用电量增加，电力开始供不应求。为适应经济发展的需要，明远电厂召开股东会议，决定投资50万元，添购800千伏安的德国产西门子汽轮发电机1台（合640千瓦），英国产拨伯葛5吨/小时配套锅炉1台，民国十八年（1929）安装竣工，电力不足的情况得以缓解。这段时期是明远历史上发展的最好时期。但是好景不长，1929年世界资本主义经济危机爆发，对中国造成了严重的冲击，吴兴周投资的各厂先后倒闭，明远虽继续营业，但是步履维艰。

抗战爆发后，1937年12月，芜湖沦陷，明远被日寇侵占，吴兴周被迫弃厂携眷逃回绩溪避难，1942年在老家病逝。明远先遭日寇掠夺，后又一度被国民党政府当作“敌伪资产”而予以“劫收”，损失非常惨重，但仍艰难坚持到新中国成立后。1952年公私合营后，明远改制为芜湖供电公司，一直经营至今。

瓷业巨子康达

康达(1877—1946),字特璋,安徽祁门人,近代著名瓷业家。

康　达

康达自幼聪慧,十二岁便中秀才。光绪二十二年(1896),康达进入北京通艺学堂,后中拔贡第一名。时处甲午战争之后,民族危机加深,西方新学在中国获得广泛传播,康达因潜心新学,被破格任命为内阁中书。康达受维新思想影响,曾积极参与维新变法,失败后遭朝廷追究,被贬到景德镇监制御瓷。这是康达与瓷业结缘的开始。光绪三十年(1904),康达赴日本留学,攻读工业、经济及军事学,次年参加同盟会。宣统元年(1909),康达回国,寓居景德镇,从此悉心从事瓷业。

宣统二年(1910),江西瓷业公司成立,康达出任总理,并任景德镇商务总会总理。江西瓷业公司成立之初,启用御窑厂原有作坊,开设公司下属的景德镇本厂,制造高级细瓷,并在饶州设分厂,拟以新法制瓷。江西瓷业公司所产瓷器分圆器、琢器两种,另有柴窑两座。1915年,所产瓷器在巴拿马万国博览会上获奖,业务蒸蒸日上。康达为培养"明白学理、精进技术"的人才,以改良陶业为宗旨,创办了中国历史上第一所陶瓷职业学校——中国陶业学堂。康达在九江、汉口、上海设立瓷器经销店,自产自销,同时在景德镇收购瓷器,以公司名义销售,扩大了景德镇瓷器的销量。

康达在制止祁门瓷土东运过程中做出了特殊贡献。1915年,祁门瓷土的样品在参加巴拿马万国博览会时获金奖,由此引起英、日等国制瓷商人的垂涎。1920年,他们通过在上海的经纪人,以40石米1万斤的价格,购买40万斤瓷土经水路运往上海。康达闻讯，连夜赶到歙县，以国务院咨议的身份制止了瓷土东运。1921年，许世英任安徽省省长时，康达又请他给予关照，使祁门瓷土销往景德镇，保证了景德镇优质瓷器的生产。

康达生活俭朴，热心家乡公益事业，曾经在家乡创立高等小学堂，还投资2万余银圆，在祁门礼屋、倒湖、曲坞等地植树万亩，造福桑梓。

大徽商李宗煝

李宗煝(1827—1891),字辉亭,号爰得,安徽黟县人,晚清著名徽商。

李宗煝出身寒微,其父为铜陵县大通镇店中伙计,李宗煝少年时即在该店中生活,因为勤快能干,受到店家赏识,略有资本后,独立开店经营。后来逐渐发达,家道迅速勃兴。同治五年(1866),曾国藩更定淮盐章程,进行招商。由于当时战乱甫歇,商业极疲,商人应招者极少,曾国藩为吸引资本,开出很优厚的条件,加意招徕。李宗煝借资前往掣签,“得十三票,江南平,淮盐畅行,利数倍,不数年,君为富人矣”。他精于牟利,在淮盐销售中将银盐购销调整为银盐购销与以粮换引、以木换引、以茶换引等以物交换相结合,很快便拓宽了市场,扩大了销路。在获得巨额利润以后,李宗煝又办船运、开钱庄、设当铺,扩大规模,综合经营,生意越做越红火,藏镪百万,终于成为晚清赫赫有名的一代巨商。

李宗煝出身极其贫苦,发家后对贫苦百姓十分同情,将大量利润投入社会公益和慈善事业,“晋、豫大饥,燕、齐、苏、皖、粤大水,助赈八万两。又独修铜陵江堤七千数百丈,以捍民田庐墓,费银逾万两”。

李宗煝少年无力读书,但极好学,事业发达后,大力支持家乡的文化教育事业,刊刻了很多书籍。据不完全统计,李宗煝刻书至少在二十六种以上,总卷数超过二百卷,主要有:光绪十年(1884)重刊黟县俞正燮撰《癸巳存稿》十五卷;光绪十四年(1888)重刻宋罗愿撰《新安志》十卷;光绪十七年(1891)刻宋徐铉撰《徐骑省集》三十卷、《补遗》一卷,清朱孔彰撰、清孙诒让校《札记》一卷;光绪二十三年(1897)刻清汪宗沂《孟子释疑》一卷;光绪年间重刻明休宁金声撰《金忠节公文集》八卷;光绪年间仿明洪氏刊本刻宋罗愿撰《罗鄂州小集》六卷,附《郢州遗文》一卷;光绪年间刻歙县吴定撰《紫石泉山房文集》十二卷、《诗》二卷。此外,还刻有《香山诗选》《癸巳汇稿》及大量医学书籍。

张小泉剪刀

张小泉，安徽黟县人。明崇祯年间，张小泉到杭州大井巷生产祖传剪刀。他采用浙江龙泉好钢作原料，精心制作出来的剪刀锋快耐用、与众不同。张小泉在实践中摸索出一套镶钢锻打剪刀淬火的新方法，既使刃口钢的硬度达到54～56度，又使剪体剪背的铁达到容易敲打的柔韧度。张小泉一改用生铁锻打剪刀的常规，选用浙江龙泉、云和之钢，采用镇江特产——质地极细的泥精心磨制，使剪刀光亮照人，因此生意格外兴隆。

雕塑《制剪》

张小泉去世后，他的三个儿子各立门户，三家剪刀铺都用“张小泉剪刀”的招牌。其长子张近高为保护自身利益，在“张小泉”名字下加上“近记”两字，视为正宗。乾隆年间，张小泉近记剪刀被列为贡品。张小泉剪刀的名气后来越传越大，销路也越来越广，成了闻名全国的杭州特产。张小泉曾经收过一些徒弟，这些人也都挂起张小泉的招牌。还有不少人钻空子，冒充张小泉的子孙或者徒弟，挂同样的招牌。所以到后来，杭州的剪刀铺挂的都是清一色“张小泉剪刀”的招牌。光绪二年（1875），张小泉后人向钱塘知县告状，要求控制冒牌，得到官府批准，在招牌上加“泉近”二字。钱塘知县还出布告“永禁冒用”，并且刻石立碑于店门。清宣统元年（1909），张小泉后人以“海云浴日”注册张小泉剪刀。

张小泉剪刀以选料讲究、镶钢均匀、磨工精细、锋利异常、式样精美、经久耐用而著称，名扬海内外。宣统二年(1910)，张小泉剪刀获南洋劝业会银质奖。1915年，张小泉剪刀在巴拿马万国博览会上获二等奖。新中国成立前夕，张小泉剪刀店濒于停业。1956年，32家张小泉剪刀店实行公私合营，建成张小泉近记剪刀总厂。1958年6月，改名为张小泉近记剪刀厂。

2000年，张小泉近记剪刀厂整体改制，转变为投资主体多元化的有限责任公司，为其发展注入了活力。企业顺利实现改制，杭州张小泉集团有限公司宣告成立，向现代企业制度迈出了决定性的一步，并在继承传统技艺基础上不断创新，成为我国剪刀行业中的龙头企业。

胡玉美制酱

酱为“开门七件事”之一，看似不起眼，却为日常生活所必需。徽州酱业相当发达，在近代徽商办的酱园中，休宁商人在安庆创办的胡玉美酱园尤其突出。

清道光十年（1830），休宁万安人胡兆祥（1805—1883）移居安庆，开始在当地贩卖酱货，继而开设“四美”酱园、“玉成”酱园，后在安庆商业中心四牌楼创办“胡玉美”酱园。经过几代人的经营，到清代末年，生意十分红火。

在胡玉美酱园里，最著名的当属“胡玉美辣豆瓣酱”。蚕豆辣酱原是四川特产，川中、川东一带几乎处处生产，尤以郫县豆瓣和重庆的金钩豆瓣最为有名。当时的江南并不时兴用蚕豆做酱，为了把豆瓣酱引进江南，胡家三次派人入川，把川酱生产工艺学到手，接着按照长江下游居民的口味，创造性地生产出源于川酱而别于川酱，具有自己独特风味的蚕豆辣酱，并把食用豆瓣酱的时尚带进了江南的千家万户。从此，徽菜里多了一款别具一格的调料。

胡玉美豆瓣酱以安庆产的优质蚕豆为主要原料，选用宁波的酱油曲精、福建古田的红曲，采用自然发酵、露天晾晒的传统工艺，待蚕豆发酵一段时间，呈酱状后，再配以安庆名产小磨麻油。胡氏酿造工艺精致，选料考究，配方独特，制作精细，使这一产品具有独特的地方风味。成品的胡玉美辣豆瓣酱绛紫泛红，辛香细腻，微辣带甜，咸中有香，色味俱全，既可佐餐又可调味。

胡玉美豆瓣酱品质鲜美，民国初年在巴拿马万国博览会上获金奖。民国年间胡玉美酱业发展迅速，先后在南京、汉口等地开设分号，在长江中下游地区逐渐取代了川中辣酱，并取得了垄断地位。1937年，抗日战争爆发，胡玉美酱业遭到致命打击，很快由盛极一时转入衰败乃至濒临破产的边缘。

新中国成立后，胡玉美酱业获得了新生，尤其是1954年经重新整治后的胡玉美酱业，积极响应党和政府的号召，在全市率先实行公私合营，生产力得到了彻底解放，使胡玉美酱业又焕发了青春。1982年4月，根据市政府大力发展地方传统工业的指示，胡玉美酱品酿造由城内迁往城北黄土坑，新建胡玉美酿造厂。经过20多年的发展，企业逐年上台阶，先后获得“全国优秀食品工业企业”“全国旅游商品定点生产企业”“中国调味品著名品牌企业20强”等荣誉称号。同时，胡玉美酱业依靠科技进步，开发出海鲜酱、牛肉酱、米虾酱、红烧酱油、艳红酱油等一批功能型、营养型调味品，畅销全国20多个省、自治区和直辖市，部分产品常年供应我国200多个驻外使馆（机构），还批量出口美国、韩国、马来西亚、西班牙等国家和地区，成为我国酱品中的一枝奇葩。

胡玉美酱业在清末南洋劝业会上所获奖牌

徽州宗族

徽州深受中国传统宗法思想影响，宗族组织势力强大，是典型的宗族社会。徽州宗族对徽州社会的发展产生了重大影响，它的形成有其深刻的社会历史原因。徽州宗族留下的众多家谱和祠堂，则成为今人了解徽州文化的基石之一。

徽州宗族社会

古代徽州是典型的宗族社会，这是普遍的共识，而其形成则经历了漫长的时间。

徽州宗族社会是由北方中原地区的世家大族迁入徽州之后逐步建立起来的。在古代社会生产力普遍不发达的情况下，农业是社会的主导产业，社会的主要成员是农民，而农民绝大多数是依附于土地而生活的，无论生产条件怎样恶劣和艰难，农民很少愿意离开自己的家乡。因此，传统中国社会中的小农"安土重迁"是一种必然。离不开土地的农民群体，在一个地方长期聚居生活之后，就形成了中国农村中的聚族而居。中原地区的世家大族迁入徽州时，通常是举族同迁，因此，当他们在徽州村落中安置下来以后，随着长期的共同生活，十几代、几十代的聚居，形成了非常庞大的由一个共同祖先繁衍而来的宗族血缘群体。徽州很多村子中都有占绝对优势的同姓聚居群体，如歙县的棠樾鲍氏、雄村曹氏、呈坎罗氏、江村江氏、许村许氏、潭渡黄氏等等。这些同族聚居的血缘群体在一起长期共同生活，使整个徽州成为一个典型的宗族社会。

在徽州宗族社会中，族长的地位和作用非常重要。族长通常由族中男性成年成员共同推举，一般由年高德劭者担任。族中退休的官员和取得功名的士人学子，也有资格出任族长。有些人口很多的大宗族，在族长之下，还会有一些副手。族长负责主持宗族中的祭祀大典，特别是春祭和冬祭。祭祀在祠堂举行的叫祠祭，在墓地举行的叫墓祭。

族长主管族中的立法和司法，制定族规家训，督促族人共同遵守，并对那些不守族规的"忤逆子弟"进行处罚。如黟县南屏的叶氏宗族，凡有族人不孝、忤逆，族长要将其唤至祠堂，轻者训斥，重者杖责，屡教不改者要开除出族，生不得入祠堂，死不得入族墓。

族长还要负责处理许多宗族的日常事务，如管理族产、修建祠堂、纂修家谱、修缮祖墓、迎神赛会、元旦团拜、对外交涉、赈灾恤贫、兴办教育、修桥补路等等，举凡族中之事，莫不由族长负责。由于徽州很多村庄都是一个或几个宗族占绝对优势，族长实际上起到了地方社会领袖的作用。在“山高皇帝远”的年代里，对族人的日常生活而言，族长的权威远远超过了官府。清康熙年间，休宁人赵吉士说：

> 新安各姓，聚族而居，绝无一杂姓搀入者，其风最为近古。出入齿让，姓各有宗祠统之，岁时伏腊，一姓村中千丁皆集，祭用文公家礼，彬彬合度。父老尝谓新安有数种风俗，胜于他邑：千年之冢，不动一抔；千丁之族，未常散处；千载之谱系，丝毫不紊。主仆之严，数十世不改，而宵小不敢肆焉。

徽州宗族，在生产力水平低下的古代，对团结民众以集体的力量开发山区资源、建设村落社会起到重要作用。徽商发达之后，很多宗族子弟依靠宗族组织的力量开展商业经营，从而多了一份成功的保障。很多大宗族占有大量的族产，用于赈济贫困的族人，从事公益慈善事业，对徽州社会的建设也很有帮助。

然而，在等级森严的宗族社会中，妇女受到一定的压迫。个别道德败坏的族长，肆意压迫族人，侵吞宗族共同财产。随着民主法治观念的传播和社会的发展，徽州宗族社会逐渐退出了历史的舞台。

仿古祭祀典礼

徽州家谱

古代徽州是典型的宗族社会，而宗族为了记录自己家族的来龙去脉，多致力于纂修家谱。早在唐末五代时期，徽州宗族就有修谱的记录。宋代徽州大学者朱熹不仅为自己的家族编纂了《婺源茶院朱氏世谱》，而且在自己的很多著作中大力宣扬修谱的意义，甚至还说“三世不修谱为不孝”。因此，宋元两朝，徽州家谱的纂修十分活跃，逐渐形成了一套完整的纂修方法。今天存世的宋元时期中国家谱实属凤毛麟角，而徽州尚存有元代汪垚修的《新安汪氏庆源宗谱》、汪松寿修的《汪氏渊源录》、汪炤修的《新安旌城汪氏家录》等五部，文献价值很高，也是珍贵的文物。

明代中期至清代中期，是徽州家谱纂修的高峰期。这一时期存世的徽州家谱，以数量大、善本多、类型丰富而著称，不仅产生了大量的一姓、一族、一系的各类家谱，而且出现了像《新安名族志》《休宁名族志》这样其他地区罕见的总括府县所属各姓的氏族志。特别是明代的徽州家谱，据《中国家谱总目》统计，今存世的中国明代家谱中，徽州家谱占三分之二左右。

徽州家谱体例完备，内容丰富。通常可以分为如下几个部分：

序言。介绍宗族的来历和修谱的经过、目的及意义。这些序言通常会请有名望的高官学者主笔，实在请不起人的，至少也要由族内有知识、懂文化的人撰写。一些出自名家的序言，如明代文豪程敏政的《新安程氏统宗世谱序》、汪道昆的《灵山院汪氏十六族谱序》，在谱学界很有影响。

凡例。说明修谱的体例和指导思想，即家谱要记载什么内容和如何记载。修谱的原则是既要符合儒家的宗法思想，又要满足宗族光宗耀祖、加强团结的情感需求。很多家谱的编纂者修谱时模仿二十四史，说是“家之有谱犹国之有史”。有些甚至模仿孔子的“春秋笔法”，“微言大义”，所谓“一字之褒，荣于华衮；一字之贬，严于斧钺”，这在其他地方的家谱中是不多见的。

世系。这是家谱中最基础也是最核心的部分。世系图是任何一部家谱都必不可少的，没有世系，不成家谱。徽州家谱中的世系图通常有两种，一种是一页五行，每行依次填写历代名讳，长辈在上，儿孙紧接其下，很多家谱还会在名讳下注明生卒年月、婚葬嫁娶；另一种是挂线图，依照父子兄弟关系将历代名讳用直线和横线连接起来，父子之间是直线，兄弟之间是横线，然后在一个支派结束之后，再按照一般的人物传记格式，依次介绍世系图中的人物。世系图是确定宗族成员的身份和长幼尊卑关系的依据，不入世系图就不是同族之人。大型家谱世系图中的成员众多，明成化十八年（1482）程敏政所修的《新安程氏统宗世谱》中，列入世系图的有两万余人。

像图。很多家谱中都有像图，通常包括祖宗个人的遗像、埋葬坟墓的墓图、居住地点的村落图、举行典礼的仪式图，以祖宗像和墓图最为常见。有些出自书画名家和能工巧匠的像图，艺术价值很高。

文献。比较大型的家谱通常都有文献，包括历朝历代祖宗接受朝廷封赏的诏书敕旨、人物传记、碑刻志铭、诗文信函等。越是历史悠久、文化昌盛的宗族，文献就越多。程敏政修谱时，就专门编纂了《新安程氏贻范集》，收录徽州程氏历代文献，共三十卷，三十多万字，内容非常丰富。

众多的徽州家谱，不但记载了徽州宗族自己的历史，而且其中蕴藏的大量信息成为今天研究古代徽州社会的第一手资料。

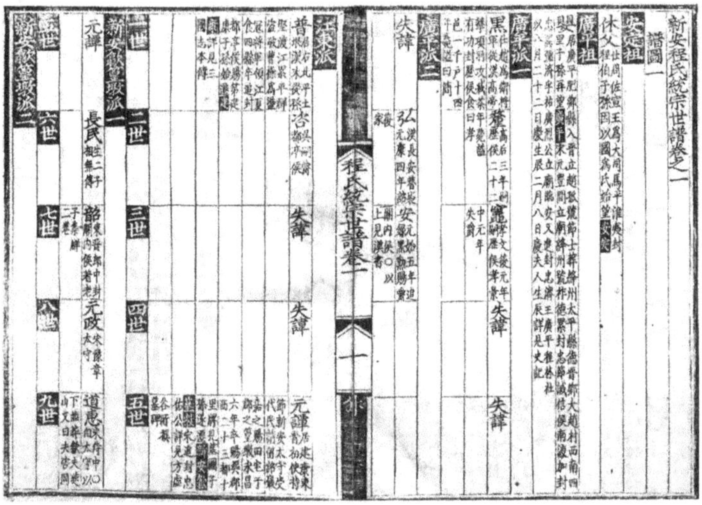
新安程氏統宗世譜卷之一

譜圖一

程氏統宗世譜卷一

明成化《新安程氏统宗世谱》书影

徽州族规家训

徽州各个宗族通常都有自己的族规家训，作为指导宗族生活和行为的基本规范，即通常所说的“家法”。这些族规家训载在家谱之中，有的还刻成石碑立在祠堂里。有权威的族长依据家法管理族人的行为，有时甚至具有生杀予夺的权力，因此这些族规家训在徽州宗族社会的影响力很大。

族规家训通常由宗族中有权威的族长、乡绅制定，其主要目的在于维护宗族的统治秩序，具有强烈的儒家伦理色彩，通常包括如下内容：

强调忠孝节义的儒家伦理道德观念，并作为宗族中神圣不可侵犯的法则。这些法则除规范个人与国家之间的关系以外，主要是规范宗族成员内部的关系，包括父子关系、兄弟关系、夫妻关系、嫡庶关系、婆媳关系、妯娌关系等。很多族规家训直接将明洪武皇帝的八条教民榜文和清康熙皇帝的十六条圣谕载入其中，作为总纲，然后就各类关系一一做出规范，包括忠君爱国、父慈子孝、兄弟和睦、守贞守节等。这些族规家训给人印象最深的有两点：一是突出强调“孝”，“孝为百行先”，孝子对一个宗族成员而言是极高的荣誉，而不孝之子则是宗族败类，不齿于人；二是突出强调“节”，夫为妻纲，女子要谨守三从四德，从一而终，甚至不能随便出门，“好男不看春，好女不看灯”。

遵守宗族礼仪制度是族规家训中另一个重要内容，条目多，数量大。在各种礼仪中，以冠、婚、丧、祭四礼最为重要。各宗族对这些礼节都有详细的规定，清代雍正年间休宁茗洲人吴翟还专门写过一部《茗洲吴氏家典》，对如何举行这四礼作了详细的解释，汇集成了一部皇皇巨著。到了清代光绪年间，黟县鹤山李氏在《茗洲吴氏家典》的基础上，编纂了本族的《鹤山李氏家典》。

徽州宗族的家法经过长期的推行，对徽州社会风俗和生活习惯产生了重大影响。清代康熙年间，祁门知县姚启元曾经盛赞徽州，“入其境，见君子让如慢，廉而知耻，无迎鱼矣；见小人愿而恫慎，而知畏，无挺鹿矣”，真可谓“礼义之国，有先王遗风焉”。徽州宗族的族规家训中有不少彰善惩恶、重视文教、保护环境、鼓励慈善的内容。很多族规中都规定要设置专门的学田、膏火银，鼓励子弟读书。如《茗洲吴氏家典》中就规定：

> 族内子弟有器宇不凡，资禀聪慧而无力从师者，当收而教之。或附之家塾，或助以膏火，培植得一个两个好人作将来楷模，此是族党之望，实祖宗之光，其关系匪小。

为了维护宗族的稳定，族规家训中还有不少济贫救灾一类的规定。很多宗族规定要设立义仓、义田、义学、义冢，赈济贫穷无依的族人。

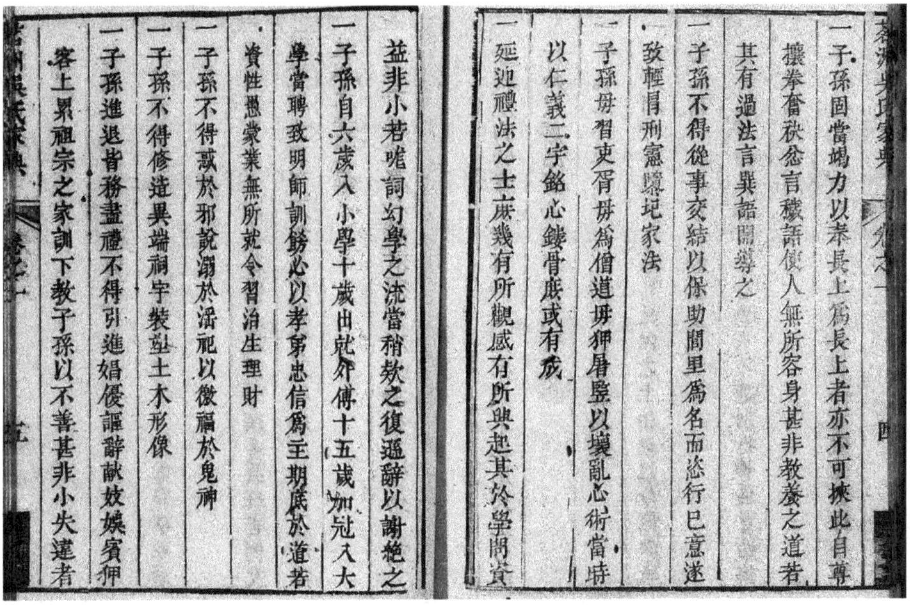
一子孫固當竭力以奉長上爲長上者亦不可挾此自尊
攘拳奮袂忿言穢語使人無所容身甚非教養之道若
其有過法言巽語開導之
一子孫不得從事交結以保助閭里爲名而恣行巳意遂
致輕冒刑憲隳圮家法
一子孫毋習吏胥毋爲僧道毋狎屠豎以壞亂心術當時
以仁義二字銘心鏤骨庶或有成
一延迎禮法之士庶幾有所覜感有所興起其於學問資
益非小若嗟詞幻學之流當稍款之復遜辭以謝絶之
一子孫自六歲入小學十歲出就外傅十五歲加冠入大
學當聘致明師訓飭必以孝弟忠信爲主期底於道若
資性愚蒙業無所就令習治生理財
一子孫不得惑於邪說溺於淫祀以徼福於鬼神
一子孫不得修造異端祠宇裝塑土木形像
一子孫進退皆務盡禮不得引進娼優謳辭献妓娛賓狎
客上累祖宗之家訓下教子孫以不善甚非小失違者

清雍正《茗洲吴氏家典》书影

徽州宗教

徽州族产

族产是徽州宗族开展活动的经济基础。徽州宗族势力强大，因此所有宗族都有各自的族产。强宗大族占有大量土地财产，成为宗法社会中最大的地主，这是徽州宗族社会的重要特点之一。

徽州宗族的族产除了少部分的现金、粮食以及建筑以外，最主要的是土地。宗族占有的土地名目繁多，如族田、祠田、墓田、寺庙田、祭田、义田、学田等。徽州宗族占有田地之多，全国罕见。据1950年徽州地区土地改革时的调查统计，徽州耕地为1 183 477.46亩，其中各类宗族拥有的耕地为169 431.49亩，占耕地总面积的14.32%。按县统计，比例最高的是黟县，宗族占有的耕地占全县耕地总面积的39.96%！

从文献记载来看，最迟从宋代开始，徽州宗族就有族产了。宋代大学者朱熹在《家礼》一书中积极提倡设置祭田："初立祠堂，则计见田亩，每龛取其二十之一，以为祭田。"朱熹的思想在徽州影响很大，很多宗族都积极添置田产，并且逐步形成了一套保值、增值的制度。徽州宗族何以会有如此之多的资金来购置田产，族产的真正来源究竟是什么呢？大致来说，有两个主要来源：

徽州祠堂征收的各类宗族活动费用，这是族产的一大来源。包括：进主（将祖先神主牌位贡入祠堂享受祭祀）、添丁（将新出生的子女登记在宗祠簿中，成为宗族正式成员）、婚嫁（娶妻嫁女要向祠堂交纳喜银）、中举、入仕做官等。如清代歙县潭渡祠堂规定子孙每进一座神主需要交纳白银30两，歙县县城的许氏祠堂在清初一次收取族内三十二户的进主费用3 500两。宗族成员为了保证自己在族内的权利，彰显自己的忠孝之心，一般都愿意交纳这些费用。这类费用单独一例的金额不大，但是日积月累就非常可观了。

宗族子弟的捐献是族产的另一大来源。能向宗族捐献的当然是有钱人，特别是官员和商人，尤其以商人捐献为多。清代歙县棠樾的大徽商鲍启运曾经先后捐献各类田地一千多亩，歙县西溪南吴之俊曾经向宗族捐献各类田地数千亩。徽州当时的大部分地主所拥有的土地在百亩左右，这些大徽商一人的捐献就相当于几个甚至几十个地主的全部土地。

宗族的族产有严格的管理制度，通常严禁典卖，这是与普通个人私产的一个重要不同点。很多宗族在自己的族规家训中都规定典卖族产者“按不孝论处”，祠堂的田地准进不准出。经过长时间的积累之后，徽州宗族的族产越来越多，“穷乡村、富祠堂”成为一种常态。

如此丰厚的族产，通常掌握在族长、缙绅等宗族精英的手中，是他们举行宗族礼仪、举办宗族活动、维护宗法制度的重要基础。有很多族产被用于兴办教育、赈贫恤灾等义举，发挥了重要的积极作用。

棠樾鮑氏宣忠堂支譜卷十九

義田

體源戶田記

體源戶田若干畝塘若干畝歲輸糧若干兩入穀若干石赤契稅票若干紙隸本甯六甲籍其數上我族尊長歸諸宗祠以其歲之入養宗人之鰥寡孤獨者籍既具敬即族尊長而告曰此啓運數十年僅不克竟之事實我先君景玉公之意也記六七歲時侍先君側家事初不裕而動以錢應人急或當食言曰我今日樂甚某人窘而貸適有貲不虛所望我與爾輩雖疏食勝甘脆也稍長先君時以道義誨聞與論古事曰晏平仲難能也三族無貧乏者范文正公難能也置義田以贍宗族葉陽子可法也哀鰥寡恤孤獨賑困窮補不足因私心計之先君所以分日用之貲以與人者其意腌然可知矣既長又常聞先君言曰宗族之誼古人所敦其難能者未易言如孟子所謂

棠樾鮑氏宣忠堂支譜　卷十九　義田

清嘉庆《棠樾鲍氏宣忠堂支谱》中关于义田的记载

徽州祠堂

祠堂是徽州宗族社会的中心。设立祠堂以统宗合族是宋代大学者朱熹提出的，他在《家礼》一书中说：“君子将营宫室，先立祠堂于正寝之东，为四龛以奉先世神主。”朱熹的思想在元明清三代被奉为官方哲学，影响很大，对故乡徽州影响尤其深远。因此，从宋代开始，徽州就有宗族建立祠堂了，元代更多，明代嘉靖皇帝下诏允许臣民在宗祠中祭祀始祖以后，徽州兴起了祠堂建设的高潮。

徽州各姓宗族都建有祠堂。祠堂建筑有两大类：一类是宗祠，一类是支祠（包括房祠）。宗祠是指某一姓氏后裔子孙为祭祀一世祖所建的祠堂。一个村落的某一姓氏只有一座宗祠，也有少数姓氏建有两座宗祠（表示该姓氏有两个同时迁来的一世祖）。宗祠的祠名是突出某一姓氏的“某氏宗祠”，如程氏宗祠、胡氏宗祠、汪氏宗祠等。支祠是指宗祠下属某一支派为祭祀某一代祖所建的祠堂，它的祠名是突出某一支内的某一个祖先，以其名字为祠名，即“某某公祠”。房祠则是支祠下属某一房为祭祀房内某一代祖所建的祠堂，又称香火屋、众屋。支祠和房祠的建筑无定数，依支下人数多寡和财力丰啬而定。

徽州祠堂的主要功能是祭祖，即“妥先灵而隆享祀”。祭祀是宗族最隆重的大典，庄严肃穆，参加祭祖的族众必须衣冠整洁。祠堂管理人要依族长布置，提前一天打扫洁净，准备祭器和祭品。开祭之日，在族长的统领下，族众按照长幼尊卑秩序入祠，跪拜行礼。仪式过程中，强调诚心孝敬，严禁喧哗嬉笑。仪式结束后，要将祭祀祖先的祭品分给族众，称作“散胙”。这一套仪式，小族可以适当简化，而大族则样样不能少，非常繁杂，甚至要提前进行演练，犹如今天演出前的彩排。因为祭祀要时常进行，春冬二祭尤其隆重，为此族内通常由读书识字之人负责相关的仪式安排，有些经常担任这种工作的，就成了族中的“礼生”，每逢祭祀就充当执事人员。

徽州的祠堂建设有一定规制，通常祠前会有一堵屏壁，叫作影壁。第一进是门楼，飞檐翘角、雍容华贵。第二进是享堂，用于举行祭祀典礼。第三进即后进，则是安排祖宗牌位的寝室。徽州的强宗大族往往聚居数百年以至上千年，族人众多，加上明清两代经济文化发达，有很多的财产，文人学子也大有人在，在建设祠堂时往往不惜人力、物力和财力。因此，很多祠堂规模宏大、巍峨壮观、装饰华美。遗留至今的徽州大祠堂中，有不少是全国或省级重点文物保护单位，同时也是今人了解古代徽州宗教文化和建筑艺术最好的资源。

歙县昌溪周氏宗祠

呈坎罗东舒祠

罗东舒祠是明代中期开始建造的著名宗祠，全称“贞静罗东舒先生祠”，位于黄山市徽州区呈坎村(原歙县呈坎村)。呈坎罗氏分为前罗与后罗两大派，罗东舒祠是前罗的祖祠。明弘治十一年(1498)，呈坎富商罗弥四和罗震孙叔侄二人，联合族人，建造了正堂，由徽州知府彭泽手书匾额“罗氏世祠”。经过历代维护，至今保存完好。

罗东舒祠是明代中后期典型的徽州砖木结构建筑。该祠堂位于潨川河西岸，坐西朝东，包括照墙、棂星门、前天井、两座碑亭、正门、大庭院、两庑、大堂、后天井、寝殿及南侧的女祠、北侧的厨房杂院，规模宏大，占地面积约3 300平方米。据罗氏宗谱记载，后进寝殿始建于明嘉靖年间，当时“后寝几成，遇事中辍，因循垂七十年，危至圮坏”。到万历四十年(1612)，罗氏族人因“谒庙而思祖功，睹遗规而慨缔造之不易”，故重新扩建该祠，并加盖一层阁楼，供奉明代皇帝赐给罗家的各类诏书敕旨。由明末孝子吴士鸿手书“宝纶阁”三字匾额，垂挂于阁楼前檐。

宝纶阁

(呈坎旅游公司提供)

罗东舒祠棂星门，通面阔26.61米，高7.42米，用六根大石柱排成一字形，石柱顶部安有一根近1米高的石柱，其上各有一只石雕的“朝天吼”，其势雄伟壮观。前天井较窄长，两旁各立碑亭一座，两方石碑上刻有与祠堂有关的内容，其中一方为《祖东舒翁祠堂记》，由呈坎罗氏二十四世孙、官至户部左侍郎并主持该祠扩建工程的罗应鹤撰文。正门为七开间，进深10.3米、高9.2米，两旁有抱鼓石一对。正门左右次间各置边门，往后为大庭院，庭院两旁为两庑。两庑各为五开间，抬梁式构架，临庭院一面采用木格扇装修。前檐设走廊，走廊筑有石栏杆。庭院靠大堂一方为花岗石板铺砌的露台，临庭院三面筑有石栏杆。露台之后为大堂，通面阔25.96米，进深21.23米，高13.6米。为扩大面积和空间，大堂采用减柱造和彻上明造，气势宏伟。堂上垂挂有明代书法大师董其昌手书“彝伦攸叙”大匾，字大过人。紧靠大堂南山墙，建有一女祠，厅堂用于祭祖，神座用来安置罗家先妣之牌位。

寝殿是整个建筑群最为精华的部分，由三个三开间加两个尽间（楼梯间）组成，此种形制在民间建筑中实为罕见。木、石遍施雕饰，斗拱、雀替、梁头、驼峰、叉手、蜀柱、平盘斗等木构件，都雕饰有各种云纹、花卉、禽兽图案。透雕的“鲤鱼吐水”雀替，更是生动逼真，玲珑剔透。前檐台基上的石栏杆、望柱、栏板、抱鼓石等，均用优质黟县青石制作，刻有飞禽走兽、花卉云纹等图案，典雅工丽。寝殿的梁架，布满包袱锦彩绘，用笔细腻、色泽艳丽，实为不可多得的民间彩绘珍品。

罗东舒祠从棂星门到正门、大堂、寝殿，逐步升高，气势雄伟，规模宏大，结构完整，风格独特，建筑艺术精湛，具有很高的历史、科学和艺术价值。1981年，安徽省人民政府将其公布为省级重点文物保护单位。1996年，国务院将其公布为第四批全国重点文物保护单位。

呈坎罗东舒祠的斗拱、雀替

汪口俞氏宗祠

汪口村，位于婺源东北部，古称永川，因地处双河汇合口，碧水汪汪而得名。宋大观三年（1110），由俞氏迁婺源九代孙、朝议大夫俞杲建村，是一个以俞姓为主聚族而居的徽州古村落。

汪口村山环水绕，人杰地灵，是古徽州钟灵毓秀之地。历史上这里文风鼎盛，经科举中进士者有14人，出任七品以上官员73人；著书立说，以斐然文采名于世者9人，有著作27部；还走出了一大批徽商富贾和精杏林、工篆刻、善书画的名士贤达。明清时期，汪口一度十分繁荣，店铺林立，船运如梭，是当时徽州东南部与婺源东北部的区域商业中心和重要的水运商埠。今天，汪口曾经的繁华已远去，留下的是众多的官第、商宅、民居和书屋等各类古建筑，其中俞氏宗祠最为出色。

汪口俞氏宗祠位于汪口村东水口处，坐北朝南，建于清乾隆元年（1736）。祠堂包括花园、书院，通面阔15.5米，进深62.2米，建筑面积包括左侧花园在内约1 116平方米。俞氏宗祠为“中轴歇山式”建筑，分门厅、享堂、寝殿三进。门厅为五凤楼造型建制，面阔五开间，各间屋面逐层跌宕，气势雄伟。门厅之后经过一个开敞天井即为享堂，天井两侧有敞廊前后联系，享堂则为三开间、单层。享堂后为两层楼的寝殿，亦为三开间。享堂及寝殿的内部构架采用抬梁做法，室内顶部加没轩顶，形成华美的内部空间。享堂建筑构架的露明梁采用月梁，梁两端底部用丁头楔承托，嵌墙枋也制成扁形月梁，宛如琴面，略弯曲。构架各部件均按徽州匠师传统做法制造，并以榫卯接插，用文武键锚固。屋面跌落处的山面以博风板作护缝处理，并于屋山面边贴以徽州传统的屏风马头墙进行封山。

汪口俞氏宗祠的木雕工艺尤为出色。宗祠内凡木质构件均巧妙雕饰，有大中小各种造型的图案一百多组，刀法有浅雕、深雕、圆雕，工艺精湛，风格独特，具有很高的艺术观赏价值和学术研究价值。汪口俞氏宗祠是婺源县现存宗祠中最完整、最华丽的一座宗祠。

溪头三槐堂

溪头三槐堂坐落于休宁县海阳镇溪头村，系王氏宗祠，又称王家大厅。

据王氏家谱记载，溪头王氏源出于祁门苦竹港派，是大猷公王璧的子孙。北宋中期，王彦思迁居溪头，后裔逐渐繁衍壮大。明代，其后人在科举和商业中取得了很大的成功，成为世家大族之一。明代正德年间，溪头王云舍有子廷显、廷敬、廷佐，三兄弟均以贸易起家，成为巨富。据《宋史•王旦传》记载，北宋时王旦之父王佑曾手植三棵槐树于庭，称“吾之后必有为三公者”，后来王旦果然位至宰相，成为三公之一，后世人因此常用“三槐”的典故称赞、勉励王姓子孙。明代的徽州知府冯世雍也以“三槐”为王氏三兄弟祖居题名。到了明代万历年间，王云舍后人王经天中举人，担任过乐城县令，退休回乡后，于万历三十年（1602）率领族人修建了大祠堂，仍依“三槐”的典故取名为“三槐堂”。

三槐堂建在溪头村中心，坐北朝南，占地面积900多平方米，背靠群山，面临溪水，选址讲究，环境幽雅。建筑主体为砖木结构，外观呈高墙封护式，白墙黑瓦，庄重大方，由门前广场、门屋、享堂、寝殿组成，后进寝殿已毁，现仅存门屋和享堂。

三槐堂大门内，建有门屋三间。门屋中三间为过厅，东西两侧各有一厢，每厢各三间，过厅与厢之间为塾，各一间，这样总面阔达十一间。享堂面阔九间，中三间为朝堂，贴梢间的次间为夹室，东西屋间之外为过道，东西梢间、尽间为厢，并设有夹层，向外挑出。整个祠堂内部雕刻工艺精湛，技法细腻，尤以木雕著称。

溪头三槐堂的门屋与享堂的结构，均无徽州常见的抬架式，较为简洁、清秀。其梁架结构比较复杂，多处采用草架。梁架的柱多为梭柱，柱下础石除门廊础为圆形复盆外，其余均呈八边形，简洁大方。整体结构规矩严谨，以大门为中轴线向两边延伸，室内遍布“满堂柱”，以柱、梁、坊之间的榫卯契合支撑起整座建筑，在视觉上拓宽了内部空间。它将各种不同功能的房屋组合在一组建筑之中，但主次分明、均衡有序，每个单元都通过天井通风采光，既互相联系又相对独立，其平面布局之复杂，为徽派祠堂建筑所少见，故在当地又被称作“金銮殿”。

溪头三槐堂的“满堂柱”

溪头三槐堂在建筑形制、平面布局、内外部装饰等多个方面，都反映了明代中期徽派祠堂建筑的特点，是研究当时徽派建筑风格、三雕工艺以及当地宗法制度的重要实物史料，堪称徽州祠堂建筑瑰宝。1981年，溪头三槐堂被安徽省人民政府公布为省级重点文物保护单位，2006年被国务院公布为第六批全国重点文物保护单位。

徽州古村落和古建筑

古徽州大部分地区是山区农村，绝大部分人口居住于大大小小的村落中，较大的村落都有较长的历史，大部分可以追溯到宋代甚至更早，是名副其实的古村落。

保存较好的古村落中，往往会有若干徽派古建筑。徽派建筑是汉族传统建筑的重要流派之一。南渡的中原士族将中原一带在两汉时已成熟发达的单层四合院形式移植到徽州，并创造性地将干栏与四合院有机结合，建造出新型的天井厅堂楼居式民居。明弘治年间，徽州知府何歆，为防范火患，将岭南地区防台风的山墙推广应用到徽州，从此“马头墙”高耸成为徽州建筑的一个重要特征。至此，徽州古建筑基本定型。明清时期，由于徽商繁荣，大量财富回流到徽州本土，大大促进了徽州建筑业的发展，现存的徽州古建筑主要建于清代。

西　　递

西递村是黟县的一个村庄，是著名的徽州古村落，也是徽州文化旅游的热点，2000年被联合国教科文组织列入《世界文化遗产名录》。

西递村的兴起，与胡氏宗族有密切的关系。西递胡氏源出婺源考水胡氏，南宋初年，胡氏祖先乙公一家迁居到西递村，后裔繁衍壮大，成为当地的强宗大族，占了村中人口的绝大多数。明清两代，西递胡氏在商业经营中取得了很大成功，相当富裕，在村中大兴土木，建房修祠，铺路架桥。清代鼎盛时期，村里一度有约600幢华丽的住宅，至今保存较为完好的古民居仍有124幢。

西递村的总体布局呈船形，村中鳞次栉比的古民居建筑群就像一间间船舱，组成大船的船体；昔日村头高大的乔木和十三座牌楼，好比船上的桅杆和风帆；村周围连绵起伏的山峦，宛如大海的波涛；村子被村前的月湖和上百亩良田簇拥着，恰似一艘远航的巨轮停泊在宁静的港湾里。

西递村口有一座兴建于明万历六年(1578)的“胡文光牌坊”，俗称“西递牌楼”。当时的西递人胡文光(1521—1593)中嘉靖乙卯科进士，先为江西万载县知县，后任荆王府长史，授四品朝列大夫。因其政绩显著，朝廷敕建了这座石坊。西递村头曾建有十三座牌坊，大都为旌表孝子和贞节烈女的，现仅存的胡文光牌坊则是最雄伟、最精致的，也是明代徽派石坊的代表作之一。

位于胡文光牌坊西侧的“走马楼”，又称“凌云阁”，始建于清代道光年间。现今的走马楼是依据当年的布局重新修复的，并与相邻的七哲祠遗迹共成一个景点，分上下两层，粉墙黛瓦，飞檐翘角。楼下有单孔石拱桥，名为梧赓古桥。西溪流水潺绕走马楼，穿桥而过，在这里可领略到“西递八景”之一的“梧桥夜月”美景。

沿着青石板路走进村中大路街，首先看到的民居为“旷古斋”，斋名寓意“广博古徽文化”，由当代著名书法家刘炳森手书。出旷古斋前行数步，便是“桃李园”。桃李园建于清代咸丰年间，由正屋和庭院组成，系西递徽商胡元熙的旧居兼私塾蒙馆。正屋为三间三进二楼结构，前两进为两小套背向三间屋。二进楼上设有独特的“楼上井”，使整幢房屋光线充足，空气清新。二、三进之间用粉墙相隔，中间有门相通，门上有隶书“桃花源里人家”石刻横额。在通往街面的小门上，有石刻小篆“桃李园”三字门额，寓意“桃李满天下”。出桃李园，就步入西园。与西园相邻、下与东园通连的是“三畏堂”，五间二楼结构，大厅高悬匾额“三畏”二字，取“畏天命、畏圣旨、畏大人”之意。堂室轩敞，天井宽大。

西递村建房多用黑色大理石，两条清泉穿村而过，99条高墙深巷，各具特色的古民居，使游人如置身于迷宫。木雕、石雕、砖雕丰富多彩，巷道、溪流、建筑布局相宜。村落空间变化韵味有致，建筑色调朴素淡雅，体现了徽州古村落人居环境营造方面的杰出成就，具有很高的历史、艺术和科学价值。

清道光《西递胡氏家谱》中的水口图

宏　村

黟县宏村是一个历史悠久的古村落，原称“弘村”，取宏广发达之意，在乾隆年间为避乾隆皇帝名讳“弘历”，更名为宏村，绵延至今已有800余年历史。2000年，宏村被联合国教科文组织列入《世界文化遗产名录》。

宏村始建于南宋绍熙年间，汪彦济迁居至此，后裔不断繁衍壮大，成为汪姓聚居之地。此后数百年内，宏村一直处于不断扩充发展之中，到明万历年间，基本形成今天村落的格局。

据统计，宏村至今保留较完整的明清时期古民居共137幢，其中包括书院和祠堂等公共建筑，而绝大部分是私家住宅和园林。承志堂是宏村保存最完好的古民居，是晚清大盐商汪定贵在清咸丰五年（1856）修建的住宅，有“民间故宫”之称。其正厅横梁上的木雕做工精细，刻画了众多人物，形神各异，是徽州木雕中的佳品。此外，村中还有古朴典雅的敬修堂和气度恢宏的东贤堂、三立堂，森严肃穆的叙仁堂、上元厅、南湖书院，更有平滑似镜的月沼和碧波荡漾的南湖，巷门幽深的古店铺，等等，可谓美不胜收。

宏村给人印象最深刻的还是村落的水系。宏村水系主要由水圳、月沼和南湖，加上西溪河，组成一个有机的整体。据家谱记载，明代永乐年间，族长汪思齐有感于先祖在唐模、奇墅时屡遭火灾侵袭，担忧村中烛火之患，于是准备修建水圳，但他有生之年没有实现这一愿望。直到汪东升才开始全面挖凿水圳和月沼，“凿圳数百丈，引西来之水，南转东楚，而于三曲处浍小浦，又分注西入天然窟”。

月沼形似半月弦，常年碧绿，水平如镜，四周青石铺展，粉墙青瓦整齐有序地分列四旁，蓝天白云倒映水中，风光秀丽。水圳则是用石块砌成的人工水渠，有1米多宽，2 000多米长，流经宏村的家家户户，之后进入月沼，最后流入南湖。水圳的修建不仅给人们生活用水带来了方便，而且能起到防火、美化环境的作用。

先人的智慧真是令人惊叹。

南湖的修建晚于月沼、水圳，开始于明万历年间。因为当时宏村人口增多，月沼蓄水已经不能满足人们的需求，于是在宏村的南首开挖约百亩的南湖。南湖深有数丈，四周古木参天，中间修建了一座石桥。南湖风景非常优美，清人汪承思诗赞曰：

湖波潋滟接清溪，一雨浮空欲拍堤。
同傍古梅吟久立，隔烟时有水禽啼。

宏村南湖
（周冰摄影，黄山京黟旅游开发有限公司提供）

龙　川

绩溪龙川，又称坑口，距绩溪县县城约10千米，是一处胡氏宗族聚居的古村落，也是胡锦涛同志的故乡。

据胡氏家谱记载，龙川胡氏的祖先叫胡焱，字子琰，原居住于山东青州，东晋时官至散骑常侍。大兴元年(318)，胡焱提兵镇歙州，民赖以安，朝廷赐给田宅，于是定居在新安。胡焱最早居住在华阳镇，后来看到龙川山水秀丽，于是迁居至此，后裔繁衍发展，经过1 600多年的历史变迁，龙川今天已经成为一处著名的徽州古村落。

龙川不仅山水清丽，而且自古就是文风昌盛、人才荟萃之地。龙川胡氏代有人才，是徽州出名的“进士村”。明代是该村发展的鼎盛时期，有十多人中进士。成化十四年(1478)，胡富中成化戊戌科进士，官至太子少保、南京户部尚书。嘉靖十七年(1538)，胡宗宪中嘉靖戊戌科进士，成为嘉靖年间赫赫有名的重臣。嘉靖三十五年(1566)，胡宗宪擢升兵部右侍郎兼佥都御史、浙闽总督，主持剿灭东南的倭寇。在乍浦、东沈庄等战役中，胡宗宪先后诱降并歼灭了大股倭寇。嘉靖三十九年(1570)，以平汪直之功，加太子太保，晋兵部尚书，功勋威望显赫一时。

龙川村远眺

龙川村内现有“龙川胡氏宗祠”“奕世尚书坊和胡炳衡宅”(全国重点文物保护单位)以及“胡宗宪故居”(县级文物保护单位)等重要古民居、古建筑。

龙川胡氏宗祠始建于宋，明嘉靖年间大修，历经沧桑，至今完好。古祠的中进是正厅，是族长举行祭典的大堂，由14根直径1.66

米的银杏树圆柱支撑，柱基采用枣木刻成莲花瓣托，架着大小54根冬瓜梁，结构为抬梁和穿斗式相结合，显得威武壮观。正厅的每根屋梁，两端皆有椭圆形梁托，梁托上雕刻着彩云飘带，中间分别镂成龙、凤、虎，檩上镶嵌片片花雕，连梁钩均刻有蟠龙、孔雀、水仙花、万年青，仰首凝望，玲珑有致。正厅两侧和上首的花雕更是别具一格。两侧各有十扇落地窗门，雕有以荷花为主体的图案，千姿百态。正厅上首一排落地窗门的花雕是一幅百鹿图，各种形态的梅花鹿栩栩如生，衬以山光水色、竹木花草，精彩夺目。古祠后进的落地窗门是花瓶雕刻的世界，有六角、八角、半圆、菱形、大口、长颈等各种形状，千刀细刻，其木雕艺术独树一帜，非常精致。这座古祠每年吸引数万名的观赏者，已经成为一处著名的旅游景点。

篁　　墩

篁墩村，原称黄墩，今属黄山市屯溪区屯光镇。皖赣铁路从村中经过，乘火车路过的旅客单纯从自然风光上几乎看不出它与周围农村的差别。然而，这个其貌不扬的村庄，在徽州历史文化长廊中却有着十分独特的地位，它被认为是宋代理学大师程颢、程颐兄弟和朱熹的祖籍地，以其深厚的理学文化渊源成为徽州文化的象征之一。因此特殊的地位，这个不大的自然村承载着极为丰富的人文积淀，是当之无愧的“江南第一村”。

根据徽州程氏家谱的记载，东晋初年，程元谭出任新安太守，定居篁墩。程元谭的第十三世孙程灵洗是南朝梁陈年间战功赫赫的武将，唐代《歙州图经》中就记载了程灵洗在篁墩射蜃的故事。梁朝由萧衍在公元502年创立，陈朝由陈霸先在公元557年创立，如果梁朝时就有篁墩，那么篁墩之名已经有1 500年以上的历史了，即便从唐朝算起，也有1 400年左右的历史。徽州古村落中，像篁墩这样可以一直追溯到南北朝时期的绝无仅有。据徽州程氏家谱记载，程灵洗的后裔唐末北迁河北中山，是宋代理学开创者程颢、程颐的直系祖先。

徽州朱氏是篁墩获得特殊地位的另一个重要家族。据朱氏家谱记载，朱师古在唐朝末年迁居篁墩，他的次子古僚公，名瓌，奉歙州刺史陶雅之命，领兵三千镇戍婺源，后人称他为制置茶院府君，而朱瓌就是理学宗师朱熹的十世祖。

不仅如此，据明代嘉靖《新安名族志》记载，徽州90多个姓氏中，有25个有入徽时迁居篁墩的记载，徽州有以程、汪、吴、黄、胡、王、李、方为“徽州八大姓”的说法，或再加上洪、余、鲍、戴、曹、江、孙为“新安十五姓”，其中的程、黄、胡、王、李、洪、鲍、戴、曹、江诸姓都称自己祖上出于篁墩。这些大族势力强、影响大，因此使迁居篁墩成为徽州宗族历史上的一种普遍现象。特别是在晋、唐两代中原移民大规模南下的移民潮中，篁墩成为众多徽州宗族的始迁地、保祖地和发祥地。如同西北移民中的“洪洞大槐树”、南方客家移民中的“宁化石壁村”一样，篁墩在中国东南地区的移民迁徙过程中处于中心地位，是徽州宗族迁徙的重要目的地。

篁墩原来叫黄墩，为什么改成现在的名称呢？根据明代休宁文学家程敏政的考证，这个村子原来有许多竹子（即篁），所以叫篁墩。黄巢之乱的时候，很多地方遭受兵灾，凡是含“黄”字的地名则不会遭受进攻，当地人为了免受战乱就改叫黄墩了。程敏政的考证广为流传，影响很大，所以现在正式村名为篁墩。

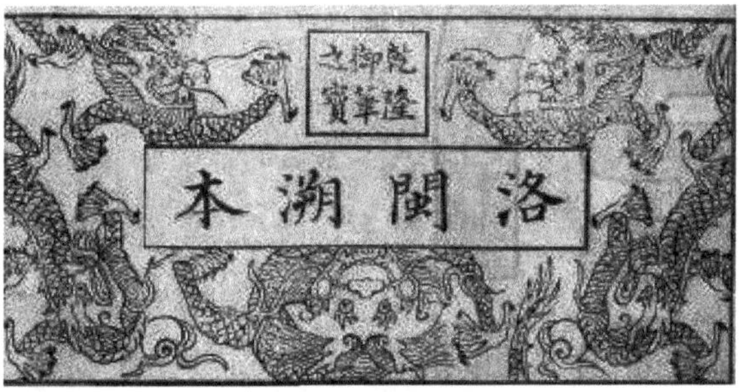

“洛闽溯本”匾额

篁墩既然是程颐、程颢、朱熹三位理学大师的祖居地，徽州又是特别尊崇程朱理学的地方，因此徽州人逐渐把篁墩看作“程朱阙里”（阙里是孔子故居的地名）。清代乾隆年间，由大徽商徐麒甡出资，徽州各界鼎力相助，在篁墩建造了程朱阙里祠，乾隆皇帝亲自手书“洛闽溯本”四字匾额以示嘉奖，这在全国都是罕见的。称篁墩为“江南第一村”，名副其实。

棠　　樾

棠樾是今天歙县郑村镇的一个村庄，村中牌坊规模为徽州之最，从而使这个小村闻名中外。早在乾隆年间，当地的鲍氏家族就曾获得朝廷褒奖，棠樾被称为“慈孝天下无双里，锦绣江南第一乡”。

棠樾鲍氏祖先来自山东青州，东晋咸和年间(326—334)，鲍弘任新安郡守，定居歙县，是徽州鲍氏的始迁祖。据《棠樾鲍氏宣忠堂支谱》记载，北宋中期，鲍弘后裔孙鲍居美认为：“棠樾山川之盛，原田之广，足以立子孙百世，遂自西门挈家而居焉。”棠樾鲍氏就是鲍居美的子孙。

鲍氏家族累世经营盐业，有身为两淮总商的鲍志道，在“盐海”中急流勇退的鲍启运及相继而起的鲍漱芳，他们不仅在财力上富比王侯，而且多行善举，大大提高了鲍氏家族的社会声望和社会地位。鲍氏家族中还出过不少位高权重的人物，如明嘉靖年间，鲍象贤中进士，授御史，历任云南副史、右副都御史、云南巡抚、兵部右侍郎等职，死后封赠工部尚书。长期的宦商大族身份，使棠樾村一度相当繁荣，村内至今还保存有相当数量的文化遗迹，棠樾牌坊群是其中最为著名的。棠樾牌坊群位于村东大道上，七座牌坊逶迤成群，古朴典雅，无论从前还是从后看，都以“忠、孝、节、义”为序。七座牌坊中有明代牌坊三座，包括慈孝里坊、鲍象贤尚书坊、鲍灿孝行坊；清代牌坊四座，包括鲍文龄妻节孝坊、鲍漱芳父子乐善好施坊、鲍文渊妻节孝坊、鲍运昌孝子坊。1996年，棠樾牌坊群被国务院公布为第四批全国重点文物保护

棠樾牌坊群

单位。

棠樾牌坊群既古朴典雅，又蔚为壮观，使参观者叹为观止。作为明清时期建筑艺术的代表作之一，整体建筑风格浑然一体，虽然时间跨度长达几百年，但形同一气呵成。棠樾牌坊一改以往中国建筑以木质结构为主的特点，全部采用优质石料构建。这种牌坊坚实，高大挺拔，恢宏华丽。建筑专家们认为，棠樾牌坊群对研究明清时期徽州的政治、经济、文化、建筑艺术以及徽商的形成和发展有重要的价值。

棠樾鲍氏在村中兴建了规模很大的祠堂。在牌坊群旁有两座祠堂，一座为鲍氏敦本堂祠，俗称男祠；另一座为鲍氏妣祠，又名清懿堂，俗称女祠，一破“女人不进祠堂”的旧例，为国内罕见。清懿堂建于清嘉庆年间，是棠樾村大盐商鲍启运修建的，借以纪念历代为家族做出牺牲和贡献的妇女。堂以“清懿”为名，取“清白贞烈、德行美好”之意。女祠的整体建筑朝向极为特殊，一般的祠堂都是坐北朝南，而这女祠却是坐南朝北。这种构思来自《易经》上“男乾女坤、阴阳相悖”的哲理，既为女祠，当然得与男祠相反。同时，北堂古为母氏所居，坐南朝北，旨在颂扬母恩母德，可见设计者的良苦用心。

潭　　渡

潭渡村在歙县西乡，距县城约3.5千米，是我国现代著名山水画家黄宾虹(1865—1955)的故乡。黄宾虹先生在晚年曾经赋诗描绘潭渡村的自然景色与人文积淀："丰溪萦带黄潭上，德泽棠阴载口碑。瞻望东山云再出，万方草木雨华滋。"

潭渡村是黄氏的聚居地，唐代晚期，黄芮迁居到潭渡，并为父亲守墓。由于黄芮为人至孝，受到朝廷的表彰，被载入《新唐书》，潭渡村也就有了"孝行里"的美誉。黄芮的后裔经过繁衍发展，形成了思养堂、永思堂、敦睦堂、存诚堂、贻安堂、春晖堂、思诚堂、蓼莪堂等八门，其中春晖堂、蓼莪堂尤其繁盛。

潭渡黄氏明清两代人才辈出，在商业经营中取得了非常大的成就。在清代扬州盐商鼎盛时期，出现了赫赫有名的"黄氏四元宝"，即潭渡的黄晟、黄履暹、黄履炅、黄履昴四兄弟。"黄氏四元宝"在扬州业盐经商的时候，正赶上乾隆皇帝南巡。作为与官府联系最为密切的垄断行业，盐商在皇帝南巡的时候总是不遗余力，竞相造园，以此来争取皇帝的青睐。黄履暹家的园林中有名景"四桥烟雨"，乾隆皇帝游览后赐名为"趣园"。私家园林由当朝天子亲自赐名，足以说明当时黄氏徽商的财力。此外，黄晟家有"易园"，黄履昴家有"别园"，均为扬州著名园林。

潭渡黄氏徽商在外经营获得了巨额财富，有相当一部分被用于家乡的各类建设，尤其是祠堂建设。明正德年间，黄氏修建了祭祀黄芮的孝子公祠堂，有六大间，是整个潭渡黄氏的总祠。嘉靖年间，又开工兴建了一座新祠，由全族人募捐集资修建。祠堂坐北朝南，东西宽40余米，南北长200余米。整个祠堂一律用庄源青石做墙脚和现柱，每根石柱都有二丈余高，二尺见方，经过三代人的努力，在万历元年(1573)竣工，耗资数十万两白银，马头墙拔地而起，十分雄伟，雕梁画栋，富丽堂皇。大门两边的砖雕、石刻上鸟兽虫鱼栩栩如生，狮子滚球全部镂空。其气派之大，规模之宏，在当时整个徽州府乃至整个江南都属罕见。

明清的潭渡黄氏不仅是富贵世家，而且涌现出了不少的文人学者。其中最著名的学者是明末清初的黄生。黄生（1622—?），字扶孟，别号白山，其文字训诂之学极有根底，其学术造诣具备深邃与超前的特点，他提出了注重因声求义、辨析古今音变、阐明音转原理、考证字词语源的四点训诂原则，其学术水平超过了同时代的许多大家，其著述有《字诂》《义府》《黄生文稿》《三礼会篇》《三传会篇》《载酒园诗话评》《唐诗摘钞》《杜诗说》《一木堂诗稿》等。黄生的学术思想对徽派朴学治学体系影响深远，成为乾嘉朴学的先驱，清代的大学者戴震、段玉裁等都受到了他的影响。

清雍正《潭渡孝里黄氏族谱》书影

唐　模

唐模村，距歙县县城约10千米，原为歙县所辖，现属徽州区，是一处以水口园林、徽派建筑和田园风光为主要特色的古村落，自然环境优美，文化底蕴深厚。

唐模村首先是由汪氏宗族开发建立的。唐代晚期，汪华的后裔汪思立迁居于此，成为唐模汪氏的始迁祖。汪氏子孙不忘唐朝廷对祖先的恩荣，按盛唐时的模式、风范和标准建立起一个新的村落，取名“唐模”。经过几代人的辛苦努力，先后建立了中汪街、六家园、太子塘等建筑物，逐步形成了一个聚族而居的古村落。北宋年间，郡北许村的许贵一、许贵二兄弟因父母双亡，投靠唐模汪家姑父，经过繁衍发展，许氏也成为当地的大姓望族。唐模村的形成、命名，是古代徽州人重视风水与忠君思想相结合的产物，深深地烙上了历史文化的印迹。

唐模村现仍有不少古代文化遗迹。村中保存有宋、元、明、清以来十八位书法名家的真迹碑刻，有徽州水口园林的杰作“檀干园”，有皇帝钦赐建造的“衡天古石坊”，有1 300多年树龄的唐代古银杏，有被誉为徽州秦淮河的“水街”，还有檀干溪上十余座古石桥。从唐模东向进村，有清代建筑八角亭，亭分上下两层，四边有虚阁，飞檐悬有铁马，风吹铮铮作响。亭上有两方匾额：西书“云路”，东书“沙堤”。亭左临溪，沿堤有多株数百年古樟树；亭右为一小五谷祠，下面竖有一小巧别致的青石牌坊。越亭向西数十步，就是有名的同胞翰林石牌坊。石牌坊为表彰清康熙年间进士许承宣、许承家兄弟而建，石质，四柱冲天，雕刻精细，其宏伟壮丽的建筑设计和精致的徽派石雕艺术，在附近一带石坊中相当罕见。

唐模水街

唐模檀干园是著名的徽州私家花园。相传，清初唐模许氏有一位富商在苏浙皖赣一带经营36爿当铺，时称“36典”。其母想游览杭州西湖，苦于山高路远，年老体衰，不便成行。于是这位孝子不惜巨资在村边挖塘垒坝，模拟西湖景致，修筑亭台楼阁、水榭长桥，湖堤遍植檀花和紫荆，供母娱乐，并报答乡邻相助之恩。田园内遍植檀花，又有一泓小溪缓缓绕流，取《诗经》中“坎坎伐檀兮，置之河之干兮”之意，名曰“檀干园”。檀干园在太平天国战争年间遭到严重破坏，民国年间由许承尧重建。后曾长期荒废，1996年以后重新修复，如今已经成为著名的旅游景点。

许　　村

许村，位于歙县城北约20千米处，是镶嵌在黄山山脉中的一颗古朴而璀璨的明珠。

许村古名富资里，南朝梁代，新安太守任昉看中富资山水风光，辞官归隐于此，后人为了纪念这位归隐太守，改村名为任公村。唐末，许儒迁居于此，其后裔人丁兴旺，该村遂以许氏为主，改名为许村，许氏至今已逾四十余代，名人辈出，人文荟萃。南宋以后，徽商崛起，许村商人“往来淮楚间，起家累巨万”。元代徽商许友山，修任公桥，建高阳桥，行善乡里。其孙许伯升兄弟五人，尽卖田产，倾其积蓄资助朱元璋。明朝建国后，许伯升任福建汀州知府，百姓称之为“青天知府”。许伯升病故后，皇上特恩准为他修建五马坊。许村现存的观察第、大墓祠、大邦伯第等，皆为许氏家族的宗祠。

近代许村还有一位著名的大徽商许炳勋。许炳勋（1832—1905），字静夫，号砚耕，曾在江苏经营面业。同治六年（1867），许炳勋回歙应试，中秀才，同年八月，赴南京应乡试，结识了两淮盐运使方子箴。由于许炳勋既有知识文化，又有商业经验，深得方子箴赏识，许炳勋及其子许家泽从此长期主持盐城县伍佑盐场。他在盐业经营中眼光长远，人弃我取，每每获利。许炳勋“在扬经营鹾务垂四十年，善货殖，不苟取，声誉籍甚”，历任盐运使都很倚重他。许氏家族在两淮盐业中的经营直至抗战爆发才被迫停止，长达七十年。

许村尊师重教，文风昌盛，绵延千年而不绝。明清两代的许氏家谱中就记载有27位进士，11位举人。许炳勋中过秀才，其长子许家修为拔贡，次子许家泽亦为生员，到第三代时，恰逢近代教育兴起，许本震为德国耶纳大学哲学博士，许本纯为美国意利诺大学工程博士，许本学为日本东京帝国大学法学博士，许本谦为德国汉堡大学医科医学博士，许本怡为英国伦敦大学商业管理硕士。这个徽商家庭对教育非常重视，也体现出了积极上进的家风。许本震是国内著名教育家，

1926年和1927年两次代表中国政府出席在德国慕尼黑和瑞士洛桑举行的世界教育会议。

辉煌的历史为许村留下了丰富的历史文化遗产，而独具特色的古建筑群更是其中的精华。至今保存完好的明清建筑近200幢，尤以高阳廊桥、双寿承恩坊、大观亭、五马坊构成的古建筑群，为国内罕见，是徽州古建筑的精华之一。

许村五马坊

江　　湾

江湾村，距离婺源县县城约28千米，婺江支流从村南流过，蓄积成渚，其生产条件在以山地为主的婺源东乡来说相对较好，是婺源东乡重要的物资集散地。萧江是当地最大的宗族，也是徽州著名的徽商家族。

徽州萧江奉唐末萧祯为始祖，据说萧祯是唐末宰相萧遘之子，广明间“伐巢贼有功，封柱国上将军，镇守江南，驻兵于歙黄墩，谋复唐业不克，遂指江为誓，易姓江焉”。萧祯的长子江董迁居婺源皋径，为婺源各派之祖，第八世江敌于北宋晚期迁居江湾，为江湾支之祖。在萧江迁入之前，鲍、程、滕诸姓就已经在此繁衍生息了，其中滕氏尤为强盛。但明代以后，萧江超过了滕氏，入清后则占据了绝对优势，这主要是因为萧江徽商的崛起。江湾萧江从南宋时就开始经商，元代有了进一步发展，第十七世江松、江栢兄弟经商取得很大成功。江松有五个儿子，江栢有两个儿子，号称七房，这七房子孙经商人数众多，足迹遍及全国，而以长江中下游的木业为重点。

商业经营的成功，为江湾萧江家族教育事业提供了充足的资金。嘉靖三十二年(1553)，江一麟中进士，历任吉安知府、荆州知府、右副都御史、漕运总督兼凤阳总督，协助潘季驯治河有功，升任户部右侍郎兼都察院右佥都御史，政绩卓著，成为江湾萧江历代仕宦中最显赫的人物。

清之后，江湾萧江仍不断有人科举及第，康熙八年(1669)江允汭中进士，还出过四名举人。经商出贾的风气依然十分浓厚，民国《婺源县志》中《义行》《质行》两类商人传记，收录清代江湾萧江成员竟达60人之多，而且不乏富商巨贾，如江灵裕，“贾于温州，总理茶务”。

清代时，江湾萧江最引以为豪的，莫过于一代朴学大师江永的出现。江永生平致力于经学、音韵学和理学。其精思博考，发前人所未发，乾隆年间纂修《三礼疏》，礼部取江永所著《礼经纲目》考订，并请江永赴京答解疑义。他精通中西历算，尤精音律音韵，所著《古韵标准》，对中国古韵的研究有重要见地。江永的著述收入《四库全书总目》的达二十七部，在徽州人中仅次于朱熹。

从明代中叶到清代中叶的三百年间，江湾萧江在商业、科举、仕宦和学术领域都取得了突出成就，成为一个历史悠久的宦商家族。

今天，江湾村中还较完好地保存着三省堂、敦崇堂、培心堂等古老的徽派建筑，还有东和门、水坝井等公共建筑物，极具历史价值和观赏价值。江湾已经被评为国家AAAAA级风景名胜区，成为婺源文化与生态旅游区的一颗璀璨明珠。

江湾村远眺

屯溪程氏三宅

在屯溪区柏树街，有三处明代古建筑，位于柏树东里巷6号、7号、28号，为明代成化年间率口程氏所建，称作“程氏三宅”。三宅的6号、7号宅相连，28号宅居东。

三宅均为五开间二层穿斗式楼房，前后厢房，中央天井，类似三合院。三宅结构严谨，装饰精美，古朴素雅，结构相似，但各有特点。

6号宅（即程梦周宅）在三宅中最为典型，该宅五开间，两层楼房，进深16.1米，开间13.6米。两侧带厢房，中为院落，平面呈不明显的凹字形。五架梁面上均饰有彩绘图案，色彩有明代风格，为徽州明代住宅中所罕见。楼上前檐垂莲柱装置飞来椅靠背，柱的断面四方抹角，柱侧上端插拱二挑，托住檐檩。屋顶形式为硬山，封火山墙高低错落，显得宅深院静。

程氏三宅7号宅二楼厅堂

7号宅文化内涵最为丰富，宅内现留有一块长200厘米、宽40厘米白底黑字雕漆“务本堂”无款匾额，还有“滴水石穿”警示石。该宅内由108块图景构成的大型木刻组画，充分展现了徽州木刻技艺的精湛。

28号宅是官商宅第，门罩独特，石雕保存完好。牌楼式的门楼下，石雕的“凤戏牡丹图”栩栩如生，“双狮滚绣球”上的双狮肌肉饱满，绣球上缨穗飘飞，活灵活现。石匠选用的徽州白麻石易于雕琢，不易风化，所以历经几百年的风雨，石雕依然如昨，未有丝毫毁损。

程氏三宅均为封闭式砖木结构的二层楼房，一脊两堂，屋面盖蝴蝶瓦，四周墙体封护。采光的天井，梁面上所饰的彩绘图案，楼上前檐垂莲柱装置的飞来椅靠背，都具有独特的明代建筑风格。三宅的雕饰高雅、秀美、庄重，立体感很强，其建筑特征引起了国内外建筑界的普遍关注。

程氏三宅具有很高的科研价值和观赏价值，被北京故宫博物院古建筑专家傅熹年教授誉为“明代民居之瑰宝”。2001年，程氏三宅被国务院公布为第五批全国重点文物保护单位。

黄村进士第

黄村进士第坐落于休宁县东州乡下黄村，是明代兵部主事黄福后人营造的宅第，属明末清初时期的建筑。

黄福，字子谦，休宁黄村人，明嘉靖八年（1529）进士，曾任兵部主事、福建参议、湖广参议等职。任职期间“疏言时事，抗直不挠”，几经升降，仕途坎坷。进士第门楼正中嵌有明代嘉靖十年（1531）十一月所立匾额，上题“为己丑科赐进士出身黄福立进士第”，不过，现存进士第在建造时间上距立匾时间较远，因此，它应该是黄福子孙为纪念先人而建的。

黄村进士第白墙青瓦，进深51米，面阔15.5米，占地面积约790平方米。整个建筑规模宏大，气势壮观，有木柱一百零二根，主柱围粗1.6米，选料十分考究。大门门楼系七层斗拱，大门之上有蓝底金字“乡贤”竖匾，镶嵌龙框，悬于门楼之下。大黑字木匾“进士第”横嵌在门楼墙中，上有钦差巡抚、巡按、知府、知县等具名。整个建筑布局类似徽州的古祠堂，第一进为大厅，供黄氏宗族喜宴集会之用，第二进为祭祖的享堂。除第一道天井外，第二、第三、第四道天井两侧都有门出入，各进院落两侧均有连廊相通。进士第在门屋前增设门楼，在寝楼后又加天井，并在后天井的垣墙上作假门楼，形成进深五进的格局。

黄村进士第

进士第的横梁上雕刻着龙、凤、狮、虎等珍禽异兽，栩栩如生，显示出了徽州木雕艺人的精湛技艺。其独特的结构、精美的雕刻，堪称古建筑中的珍品。2013年，黄村进士第被国务院公布为第七批全国重点文物保护单位。

珠林馀庆堂古戏台

徽州戏剧演出活动源远流长，东晋时期就有“宴会辄令倡伎作新安人歌舞离别之辞”的记载。徽州乡民特别爱好戏剧，不仅迎神赛会、婚丧喜庆时要演戏，而且在诉讼之后要对败诉者罚戏。一些较大的村庄都建有砖木结构的永久性戏台。

徽州古戏台通常建在宗族祠堂中，位于祠堂的门厅，与享堂、寝堂相对。徽州人在祠堂中建戏台，一是维系宗族血缘关系的需要，因为徽州人讲究忠孝礼义，遵祖敬宗，演戏时打开享堂的隔门，可以与祖宗同乐，使人感到宗族的荣耀；二是体现宗族的威严，祠堂是宗族执法的场所，通过演戏既处罚了违法乱章的败诉者，又教育了全村支丁，起到警世作用。

祁门县珠林村赵氏宗祠的馀庆堂古戏台豪华考究，是徽州现存的著名古戏台之一。这座戏台始建于清同治八年(1869)，主戏台面积98.6平方米，总面积208.23平方米。馀庆堂古戏台是一座四合院式建筑，砖木结构，坐东朝西，与祠堂正厅相对。祠中有天井，天井两侧有连接戏台的楼座看台。戏台分上下两层，底层是进出祠堂大门和戏台的通道，并可供存放戏箱杂物之用。戏台上层以木屏相隔，以“出将”“入相”二门为界，分前台和后台两部分。以四根楹柱划分为中、左、右间。两侧为左右副台，共五间。台中顶部有穹窿顶天花藻井。

馀庆堂古戏台建筑的装饰性较强。戏台台沿两端有呈倒八字状越式扶栏，前台正面四柱上部均为镂空木雕花牙子，梁柱之上是两层卷棚歇山屋顶，四檐飞翘，错落有致。屋脊上原有一座高约一米五的铁葫芦，由于对房屋压力较大，于1975年拆除。檐下额枋上刻画着大量人物、花鸟及其他动物图案。两侧看台上的窗花和雕刻也很精细。

此外，台中柱上刻有楹联，至今依稀可辨，联文为：“太平调调好龙箫韵，天有歌歌谐凤响音”，左、右小间有“和合二仙”的壁画，画前配有花瓶形装饰门。戏台题壁丰富，现仍能辨认者有十多处。有“光绪念年十月二十二进门，一乐也，新同

徐庆堂古戏台

广班";"光绪二十六年栗里复兴班到此□乐也,目连戏班□双旺……";"光绪二十九年□望日进门,《天线(仙)配》";"合义班堂民国七年……";"秋浦郑同福班,民国十六年小阳月□日《解宝》《逼生》《看女》《十八扯》,夜《芦□(花)河》《黄鹤楼》《长河打刀》,十一日《乾坤带》,二十六日《跑城》《走广□》,夜《青(清)官册》《章台》《三司》《开店》";等等。从这些题壁中,可以想见当年演戏的盛况。

徐庆堂古戏台是安徽省目前祠堂戏台中保存较完好的一座。2006年,祁门古戏台(共11处)被国务院公布为第六批全国重点文物保护单位,徐庆堂古戏台是其中之一。

西溪南老屋阁

歙县西溪南村(今属徽州区西溪南镇),又称丰南、丰溪,是徽州重要的古村落之一。自宋代以来,吴氏宗族在此繁衍壮大,士商繁荣,留下了大量的精美古建筑,其中老屋阁尤为出色。

老屋阁,又称老屋角或吴息之宅,建于明代中期,为砖木结构的两层楼房,占地面积343平方米。坐东北朝西南,五间二进,前进楼下明间为门厅,后进楼下明间为客厅,大门位于中轴线上。住宅正面是水平形高墙,大门上建有水磨砖砌成的门罩,未事雕琢,与铁皮包镶的大门十分协调,显得厚实庄重。

走进老屋阁大门,就会看见楼下正间两根又粗又黑的梭状柱,两端略细,中段粗鼓,柱下覆盘石础,形同倒置的大瓷盘,柱子用皮麻纤维包裹,涂以生漆,起到防止木柱腐蚀的作用。天井四周有一圈齐整的栏板,设计得异常巧妙,雕花缀朵,富丽繁华,飞禽走兽,栩栩如生。檐口四周立八根垂莲柱,柱下端雕刻着含苞欲放的荷花,营造出宁静又有生气的氛围。在天井四周设置靠椅,此椅靠背外突,超出天井四周的栏板,临空悬置,设计精巧美观,颇具韵味,称为飞来椅。古代徽州民宅把楼上作为主要的活动场所,而女子又不能轻易下楼外出,只能倚靠在天井四周的椅子上遥望外面的世界,或窥视楼下的迎来送往,因此靠椅又雅称为"美人靠"。

楼上厅堂宏丽宽敞,布置得井然有序。墙以芦苇编篱,表面敷以泥土和石灰,紧密牢固。厅内不用天花,搁栅外露,当地称这种构造为"楼上厅"。古代徽州地区雨量充沛,气候湿润,山高人稀,为防山区瘴疠之气,一些富贵之家就把楼上作为日常主要的栖息活动场所。因此,楼上厅室建得比楼下更轩敞,逐渐形成楼上厅这种独特的明代徽派建筑风格。

在老屋阁东南墙脚下池塘畔,伫立着绿绕亭。亭平面近正方形,通面阔4米,进深4.36米,高5.9米。元天顺元年(1328),西溪南名士吴斯能、吴斯和兄弟集资

"全国重点文物保护单位:老屋阁及绿绕亭"石碑

建造,明景泰七年(1456)重建。绿绕亭的结构与雕饰风格类似老屋阁,唯月梁上绘有典雅工丽的包袱锦彩绘图案,临池一侧置飞来椅供人休息。在亭中近可观繁茂场圃,远可眺绿茵田畴,历代文人题咏甚多。1996年,老屋阁及绿绕亭被国务院公布为第四批全国重点文物保护单位。

竹山书院

竹山书院位于黄山市歙县雄村乡雄村桃花坝上，是清代雄村曹氏族人讲学之所。这座书院是曹堇怡发起修建的，他是寓居扬州的两淮八大盐商之一，在弥留之际遗命两个儿子曹翰屏、曹映青兴建书院，于清乾隆二十四年(1759)建成。书院现存大部分建筑为原构，是至今保存较好的一座徽州书院。

竹山书院占地约2 000平方米，建筑面积1 218平方米。书院主入口为四柱三层砖门楼，门额“竹山书院”四字，传为清代书法家邓石如所书。整个建筑分为讲堂和园林两个部分。讲堂为合院建筑，有堂、斋、廊等。堂北有斋，中设天井，斋后为厨房。园林位于讲堂之北，主要建筑有清旷轩、文昌阁、百花头上楼、眺帆轩等。

清旷轩是园中主要建筑，园林前部稍前于讲堂，并于东南隅增设一园门。清旷轩又叫桂花厅，因轩前小巧的庭院中遍植桂花树而得名。曹氏家族立有族约：凡族人中有中举者，可在庭院中植树一棵。雄村曹氏系新安望族，明清两代有进士、举人53名，其中著名的有户部尚书曹文埴、军机大臣曹振镛等。今天园中众多的桂花树，显示出雄村历代人才辈出。园东面作开敞式处理，面山临江，仅筑矮墙分隔内外，青山梵寺，风帆入座，极尽借景之能事。其余三面，环以建筑，形成主景庭院。建筑和景点之间以廊庑相连，延纾数十米，曲折有致。院中平岗叠石，桂树飘香，十分幽雅。

竹山书院桂花厅

竹山书院建成时期正值中国古典园林的成熟期

后期，也是徽州造园活动的鼎盛时期。竹山书院的规划和营造都达到了较高的技术和艺术水平，集中体现了徽州园林的主要成就。园林采用园中园布局，并以借景手法将渐江、竹山景致纳入园中，而园林本身的山池则稍事点缀，与优美的自然环境融为一体。设计者还运用多种手法拓深意境，将书院园林主题发挥得淋漓尽致。栽杏象征“杏坛讲学”，植桂寓意“蟾宫折桂”；壁间刻赋，廊内嵌碑，文思优美、书法精妙，与园林情景交融。由于受明末清初形成的新安画派画风影响，竹山书院园林保持了宋、明以来园林的简明、疏朗、天然、雅意特色。园内建筑采用徽州民居传统形式和处理手法，饰以砖、木、石三雕，质朴自然，雅健明快。

竹山书院是古代徽州著名的私学建筑，书院中的园林部分是徽州古典园林的典范，有着较高的历史、科学和艺术价值。2006年，竹山书院被国务院公布为第六批全国重点文物保护单位。

潜口民宅

潜口民宅是一组明代民间徽派建筑群，坐落在黄山市徽州区潜口紫霞山南麓。1982年，为集中保护古建筑，经国家文物局批准，将分散在歙县和徽州区的郑村、许村、潜口、西溪南等地的十余处较典型而又不宜就地保存的明代建筑拆迁复原，移建于此。拆建工程自1984年开始，到1994年年底结束，先后迁建了三座祠堂、五幢民宅、一座路亭和一座石牌坊。

潜口民宅中的主要古建筑有：

司谏第，明代中叶早期砖木结构厅堂，始建于明弘治八年（1495），是江南现存的明代遗构中较早的建筑之一，是明初进士汪善的五位孙子为祭祖所建的家祠。享堂中悬有永乐四年（1406）明成祖敕谕匾额一方，上书对汪善的褒勉之词。该建筑面阔三间12.32米，进深18.26米。木构架用材宏大，梭柱、月梁、荷花墩、叉手、单步果和斗拱都有精美的雕刻。

曹门厅，明代嘉靖年间的厅堂建筑。原为潜口街上的汪氏支祠，大厅曾被毁坏，目前仅剩门厅和两廊部分。九开间，通面阔21.03米，进深13.5米，高6.3米。平面呈凹字形，中间为天井水池。砖木结构，悬山屋顶，山面饰博风墙。从形制上看，该厅不但在复盆础、梭柱、斗拱、雀替等构造式样上体现了明代中期的特点，而且在一些构件上沿袭了宋、元以来的“禅宗样”古法，如把大斗凹入的海棠瓣，宋称“讹角斗”，有的大斗下加垫板，古称“照板”，等等，保留着宋元营造方法的韵味，有重要的研究价值。

方文泰宅，明代中后期砖木结构民居。原坐落在潜口乡绅沙村，为口字形四合院，二进三间楼房。该宅内部装修相当讲究，窗外栏杆两旁望柱头雕有莲瓣，栏身上部有雕刻极佳的云拱三个，下部四周嵌有雕镂精巧的镂空花板，中央用镂空方格，整个比例及雕刻之佳为目前所仅见。楼面弧栏杆是该宅最突出的部分，在明间缝檐柱之间置有座板，栏杆身向外弯曲，超出檐柱外侧，形状略似靠背，称飞来椅或美人靠。楼上栏杆下部裙板全部用框格式壶门装饰，玲珑剔透，雕工精美。弧形栏杆，与宁波“天一阁”所藏明鲁班正式图残本中所绘栏杆相类似，可以证明方文泰宅的营造方式是明代江南所通行的做法。

潜口民宅中的苏雪痕宅、乐善堂（耄耋厅）、方观田宅、吴建华宅、罗小明宅、善化亭、荫秀桥、方氏宗祠等建筑，均为明代徽州的常见建筑类型。

潜口民宅义仁堂

国家文物和建设部门的专家经过鉴定，一致认为这些古建筑具有重要的历史价值和艺术价值，是研究中国建筑历史、技术、设计和艺术的珍贵实例。1986年，潜口民宅被安徽省人民政府公布为省级重点文物保护单位。1988年，被国务院公布为第三批全国重点文物保护单位。

南屏古民居

黟县南屏村，东临碧阳镇，北至碧山乡，因村北有山势如屏障的南屏山而得名，环境优美。自元代末年叶姓从祁门白马山迁来后，村庄迅速扩展，明代已形成叶、程、李三大宗族齐聚分治的格局。清代中叶以后，南屏村步入鼎盛时期，兴建了大量的各类建筑。南屏村内现存300幢古民居，其中包括八座祠堂，另有古井36眼及古街巷72条，主要建筑有叙秩堂、叶奎光堂、孝思楼、敦睦堂、慎思堂、倚南别墅、叶姜生宅、冰凌阁和半春园等。

叙秩堂，为叶氏宗祠，始建于明成化年间，清嘉庆三年（1798）重修。坐东朝西，占地面积1 000多平方米。该祠歇山重檐，左右对称，祠堂共有80根粗大圆柱，三进二天井，大门两侧有一对“黟县青”石鼓。

叶奎光堂，为叶姓的支祠，始建于明弘治年间，清代曾两次重修，是南屏叶氏祭祀四世祖叶圭公的会堂。坐东朝西，占地面积约1 200平方米，共有银杏木大柱86根，三进两天井，结构庞大，气势恢宏。

孝思楼，又名小洋楼，坐东朝西，建于清末。建成时一体四宅，有过街楼和连廊相连通。其建筑风格吸取罗马建筑中的半圆拱门和窗户形式，洋楼平面无明显轴线，为四层建筑。其一、二层采光多用窗户，三、四层由屋脊中央挑出楼梯。室内空间丰富，极少装饰。

南屏小洋楼

敦睦堂，建于清同治年间，占地面积近470平方米。坐北朝南，大门开在中轴线上，二进三开间二天井、前后廊，二层建筑，左设厨房、偏厅，后设庭院。主屋方柱，青砖铺地，照壁及侧门均可开启，前后堂天棚均为花草彩绘。二层神龙保存较好且精美，有圆柱冬瓜梁额枋状，门楼雕刻有人物故事。

慎思堂，建于清道光年间，坐东朝西，前后二进的廊步三间屋。青砖门罩大门，庭院内石凳石几齐全，左侧套有小园，隔墙上有一大型漏空花窗，小门门楣有“瑞霭”石刻。

倚南别墅，又名养老厅，建于清末。坐南朝北，占地面积约143平方米，由一大三间和两小三间构成。大三间为正厅，两处小三间各为一偏厅，厅左为小厨房，厅右为卧室，均为不规则形，设计精巧，构成“两江春水当门绕，一色天光入户来”的意境。

南屏村整个村落布局完整，结构紧凑，保存较好，建筑朴素典雅，充分利用砖、木、石各种题材进行雕刻，有着较高的历史和艺术研究价值。张艺谋的电影《菊豆》曾在该村大量取景。2006年，南屏村古建筑群被国务院公布为第六批全国重点文物保护单位。

徽州牌坊

牌坊是中国传统建筑中的一种独特类型，由“棂星门”演变而来。“棂星”原为“灵星”，汉高祖时曾有祭天先祭灵星的规定。宋时祭祀建筑，外围设灵星门，后因门形似窗棂，故改“灵星门”为“棂星门”。棂星门后来演变成牌坊，不仅仅出现在祭祀建筑中，更多的是作为聚落中街口桥头和重要建筑物入口处的标志。

明清时期，牌坊作为建筑物入口大门的功能逐渐弱化、消失，而提升建筑物地位的文化意义则受到强化，从而成为聚落、街坊、大型建筑群中的一种文化标志性建筑。与此同时，牌坊尤其是石质牌坊，其雕刻技艺、书法和文学等内涵极大地提高了其文化品位，使牌坊成为一种集标志性、纪念性和观赏性于一体的特殊建筑类型。

徽州是中国现存牌坊最多的地区。徽州牌坊的数量，相传极盛时有1 000多座。歙县有“牌坊之乡”的美名，有记载的牌坊有400余座，据不完全统计，至今遗存的有90余座。明代和清代，除了庙堂之外，墓地、祠堂、衙署、园林乃至桥头、村口、街巷，都可以设置牌坊，牌坊实际上已成为封建伦理世俗化的标志。徽州现存牌坊的种类，按精神功能和立坊目的划分，有科第牌坊、旌表牌坊和恩荣牌坊；按牌坊造型划分，有冲天柱式和楼式，其中又可细分为四柱三间五楼、四柱三间三楼、双柱单间三楼等多种；按材料划分，有木质、砖质和石质，其中石质牌坊占绝大多数。

徽州是程朱理学的故乡，宗族势力影响极大，与妇女有关的贞节牌坊数量尤其多。旌表妇女守寡、孝敬公婆乃至陪葬殉节的牌坊，在徽州牌坊中占多数。据弘治《徽州府志》记载，宋初徽州府内尚无贞节牌坊，元代建有贞节牌坊1座，到明代弘治年间则有14座。而据光绪三十一年(1905)徽州孝贞节烈坊中所载，徽州府属孝贞节烈的竟有65 078人，其数目可谓惊人。徽州贞节之风盛行，贞节牌坊多是情理之中的。正如清歙人赵吉士所言：“新安节烈最多，一邑当他省之半。”

徽州牌坊，虽因建造的时代不同而风格各异，或朴实精巧，或典雅华丽，但都展现了徽州工匠的高超技艺。牌坊的整体造型比例得当、协调美观，雕刻的图案栩栩如生。徽州的石匠们常通过象征、暗喻和谐音等艺术手法，创造适用于表现抽象意义的雕塑语言，如雕鹿即表示“俸禄”，把豹子和喜鹊雕在一起表示“报喜”，把喜鹊雕在梅枝上表示“喜上眉梢”，雕松鹤则表示“长寿”，等等。这些艺术手法充分展示出了石雕艺人的卓越技艺，也极大地增强了欣赏者对牌坊建筑的亲切感。留存至今的徽州古牌坊，无一不是文化瑰宝。

歙县槐塘状元坊

许国石坊

歙县是“牌坊之乡”，牌坊众多，尤其是县城内的许国石坊，举世罕见。许国石坊坐落于歙县阳和门内，建于明万历十二年(1584)，距今已有400多年的历史。

许国石坊是为许国而建的。许国(1527—1596)，字维祯，歙县人。明嘉靖四十四年(1565)进士，先入翰林院校书，继而以一品服出使朝鲜，再充任皇帝经书日讲官，主持顺天乡试、会试，历任侍郎、尚书。万历十二年(1584)，因平定云南边境叛乱有功，晋升为少保，封武英殿大学士，成为朝廷位居次辅的重臣，这就是坊额上题的“少保兼太子太保礼部尚书武英殿大学士”。云南边乱平息一个月之后，万历皇帝重赏群臣，许国被赞为“协忠运筹，茂著劳绩”，并沐殊恩回乡，催动官府，招募工匠，建造了这座千古留名的宏伟石坊。

许国石坊是石质仿木构造建筑，结构严谨，布局合理，形制为国内罕见。它由前后两座三间四柱三楼和左右两座单间双柱三楼的石坊组成，南北长11.54米，东西宽6.77米，高11.5米，全部采用青色茶园石作构件。八根柱子各为0.5米见方，7米多高，上层另有接柱4米多高，梁枋、拦板、斗拱、雀替也都采用大块石料。如此之大之重的石料在空中完美地接榫合缝，足见当时的建筑技术已达到了相当的高度。其结构之严谨、布局之合理、形制之奇特，为国内所罕见。

许国石坊雕饰艺术更是巧夺天工，每一处石柱、梁坊、匾额、斗拱和雀替，都饰以精美的雕刻。前后各四、左右各二的十二只狮子雄踞于石础之上，形态各异，栩栩如生。牌坊东南西北四个方向的内外侧都有精美的图饰：南面雕的是“巨龙腾飞”，象征皇帝南面而王，表示许国对朝廷的忠诚，内侧雕“英姿焕发”，颂扬皇上年轻有为；东面雕“鱼跃龙门”，表示许国是科班出身，内侧雕“三报喜”，喻许国在明万历年间的三次升迁；西面雕“威凤祥麟”，“凤”和“麟”在文风鼎盛、德政昌隆的太平盛世才会出现，这幅图称颂了当时的社会，内侧雕“龙庭舞鹰”，“舞鹰”谐音“武英”，暗示许国身居武英殿大学士的地位；北面雕“瑞鹤祥云”，寓意天下太平，又象征许国的品格高尚脱俗，内侧为“鹿鸣图”，借《诗经·鹿鸣》篇意，表示许国身为礼部尚书，常会嘉宾学子，生活儒雅。石坊上的题字则出自明代大书法家董其昌之手。

关于许国石坊的建造，有段有趣的故事。据说，为了建坊，当时皇帝批了许国四个月的假，但他却在老家前后共拖了七八个月才回朝复命。回朝之后，许国因为超假跪在殿上久默无声，搞得皇上迷惑不解，责备说：“朕准卿四月之假回乡造坊，为何延为八月？建坊这么久，不要说是四脚，就是八脚也早就造好了。”许国听了，顿时口呼万岁，奏称：“谢皇上恩准，臣建的正是八脚牌楼。”皇帝听了哭笑不得。但皇帝金口玉言，开了口不得反悔。于是，许国所建的八脚石坊也就这样“合法化”了，成为迄今存世的为数极少的八脚牌坊之一。1988年，许国石坊被国务院公布为第三批全国重点文物保护单位。

许国石坊

渔 梁 坝

渔梁坝位于歙县渔梁镇，是新安江上游最古老、规模最大的古代拦河坝，也是古徽州最知名的水利工程。

渔梁坝始建于唐，当时垒石为梁，缓流蓄水，但位置屡迁不定。宋绍兴三十一年(1161)，水绝石梁，此后六十年中，县城内“城市雕耗，火灾屡见”。嘉定十四年(1221)，知州宋济募工在河底发现天然石梁，遂聚石立栅。绍定二年(1229)，推官赵希诉伐石筑成石坝。

元末明初，石坝崩塌。明弘治十二年(1501)，知府彭泽命通判陈理督工重修。“凿石即故址重砌，高丈余，有九层，蓄水二、三里”。弘治十四年(1503)被大水冲坏，重修时，“去旧填心沙砾表裹，并用一色方石照旧结甃，高减一层，下流节为梯形，以杀水势。完实坚固，蓄水无虞。梁上水过，有如平崖”。隆庆、万历年间曾两度重修。

清康熙二十六年(1687)，经徽州知府朱延梅倡议，捐万金大修。此次尽去原不结实的红砂岩，改用青、白石砌叠20余层，坝之尺寸仍如宋绍定之制度，用“若钉若斧”的石燕尾销钉互为连锁，上下层石块间采用竖石穿插，以增强坝体的整体性、稳定性和坚固性，中南段开三道泄水门。清光绪末年又圮，歙县徽商程德成出资重修。

渔梁坝

自唐直至近代，渔梁坝屡坏屡建十余次，建坝技术逐步提高，从木栅拦水、普通甃石，到后来的硬石纵横穿插相连、合为一体的坚固石梁，每一次都是人民智慧的结晶。

今天，渔梁坝仍横卧于歙县渔梁镇的练江上。2000年重修之后，坝长138米，底座宽27米，高约4米，用青色坚石砌成。坝体由三层、三类不同功能的石料筑成，最底层是一天然石梁，为石坝生根处。表层为眉石，最为复杂、最具匠心，条石规整光滑、纵横穿插，接缝处嵌入燕尾形石锁（俗称“元宝钉”）。中为囊石，层层垒叠至十八层，上下层之间穿插笲石，每隔约1.5米还有竖向石墩插入，用以加固。整个坝体浑然一体，严丝合缝，密不漏水，而且与江底及两岸熔铸交接，异常坚固。弧形坝面，便于泄水。

渔梁坝坝体的设计具有较高的科学价值。三个水门从北至南逐渐降低，在正常水位时，流水只从最南端的低水门流过，其余两个水门和坝面，成为当地居民晾晒物品和休闲的好去处。北岸难聚沙碛，使坝下龙船坞一带成为理想的航船停泊处。北端和中部的两道水门，则保证练江在高水位时仍具有较大的泄水能力。短期洪水季节，水流从整个坝面直泻而下，坝本身无冲垮之虞。

2001年，渔梁坝被国务院公布为第五批全国重点文物保护单位。

镇 海 桥

屯溪镇海桥，又名“屯溪桥”，俗称“老大桥”，位于屯溪率水、横江交汇处，跨立在横江口上，东西贯穿老街与黎阳，扼古徽州交通咽喉，地位十分重要。

镇海桥始建于明嘉靖十五年(1536)，相传是隆阜财主戴时亮为嫁女儿独资建造。清初，桥被水冲圮。屯溪率口人程子谦决定重修镇海桥，亲力亲为，栉风沐雨，康熙十七年(1678)桥成。然而，康熙三十五年(1696)四月，镇海桥不幸毁于一场大水。程子谦说：“桥之不固，是吾过也。”当年秋天，程子谦独自重建。尚未完成，程子谦便去世，其子程岳接任父业，以坚韧的毅力、极大的热忱投入重建中。程岳及工匠们在桥的迎水面加筑桥墩，横截面为等腰三角形的桥墩以坚硬的棱角顶住汹涌波涛，化解了肆虐的洪峰。清代著名学者朱彝尊为程氏父子撰《重建屯溪桥记》，竖于桥头。光绪十年(1884)，镇海桥四座桥墩受损严重。屯溪的茶商、盐商发起公益总动员，一时间商贩、市民纷纷捐款，修葺完毕，并于桥上立功德碑以纪念。

镇海桥为六墩七孔石拱桥，长133米，两端引桥各15米，宽6米，高10米，拱洞跨度13米到15米不等。桥墩顶端分水石尖翘起。拱脚、拱圈均用褐红麻条石交错砌筑。石料以糯米稀、猕猴桃藤汁加灰浆胶结。中洞有“禁止取鱼”四字楷书。桥面、桥栏以茶园石铺设，桥栏纵向条石两头凿阴阳榫，互为衔接；上下联结处凿蝴蝶形卯样，又用铁梢卡锁，形成整体。因此，桥身质地坚实，气势雄浑。桥上原有亭，两端有飞檐五脊虎殿顶建筑。桥东临街处建有高大拱门，上悬“镇海桥”三字金匾。明清时期，徽商兴盛，镇海桥因其所处的特殊位置，功不可没。

清代诗人查锡恒有《屯浦归帆》一诗云：

碧水潆洄最上游，垂柳夹岸舣归舟。
渔歌远近从风递，帆影高低带月收。

飞倦剧怜投树鸟，长闲终羡傍滩鸥。
村烟起处楼台好，一片波澄万顷秋。

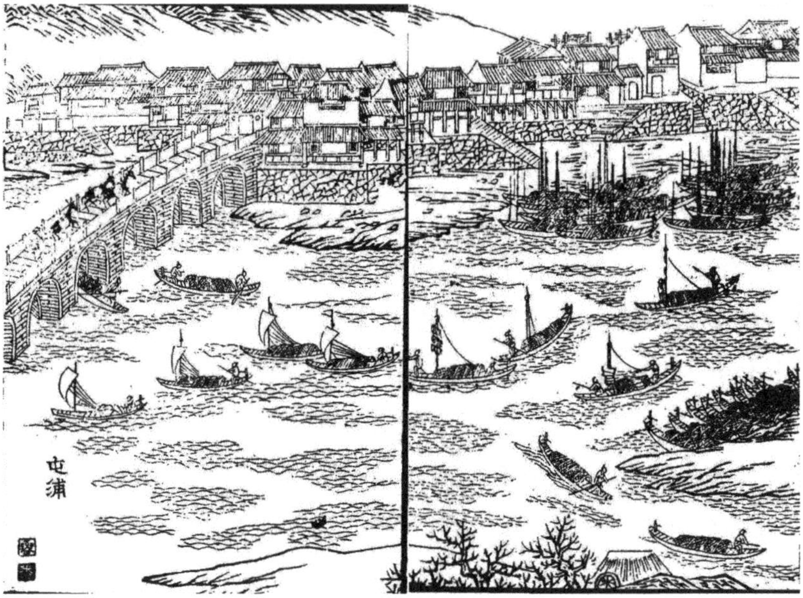

清代版画《屯浦归帆》

1934年5月，著名作家郁达夫到屯溪，曾在新安江边夜泊。尽管当时屯溪遭土匪朱老五火烧后，墙倒屋摧，尚未恢复元气，诗人仍以极大的热情给予赞美。他"斜倚着枕头，合着船篷上的雨韵，在朦胧的梦里"写下了游记精品《夜泊屯溪记》，留下了脍炙人口的绝句：

新安江水碧悠悠，两岸人家散若舟。
几夜屯溪桥下梦，断肠春色似扬州。

徽州科学技术

宋代以后，随着徽州经济文化的发达，徽州科学技术水平也得到了极大的提升。明清时期，徽州科学技术独树一帜，在多个领域走在全国前列，尤其是在数学、医学领域中得到了前所未有的发展，对丰富和发展中国传统科学技术做出了重要贡献。

程大位——珠算集大成者

程大位(1533—1606),字汝思,号宾渠,休宁县率口(今屯溪区前园村)人。

程大位

程大位出生在一个商人家庭,自幼聪敏好学。因商业上的需要,他对数学产生兴趣,少时随父外出经商,遨游吴楚,博访闻人达士,遇有“耆通数学者,辄造访问难,孜孜不倦”。程大位在商务往来中,有感于传统筹码计数法的不便,决心编撰一部简明实用的数学书以助世人之用。为实现自己的远大抱负,他不惜重金购求遗书。四十岁时,程大位倦于外游,弃商归故里,认真钻研古籍,撷取名家之长,历经二十年,于明万历二十年(1592)编纂成巨著《算法统宗》十七卷。之后,他又对该书删繁就简,写成《算法纂要》四卷,成为后世民间算家最基本的读本。

《算法统宗》的主要内容可分为十一个部分,除了加减乘除及难题之外,其余九个部分(从第三卷起)基本以《九章算术》的九章为篇名(其中《粟米》改为《粟布》,《盈不足》改为《盈》),书末附载《算经源流》一篇。《算法统宗》列有595个应用题的计算过程,结合实际,富有趣味,且都附有详细的解法。其解法都不用筹算方法,而是用珠算演算。

全书从启蒙到应用提高,循序渐进,系统性强。许多算法、例题,均以歌诀形式展示,浅显易记,便于学习。如:“当年苏武去北边,不知去了几多年。分明记得天边月,二百三十五番圆。”(答曰:一十九年。)“庐山山高八十里,山峰顶上一粒米。黍米一转只三分,几转转到山脚底?”(答曰:四百八十万转。)“三寸鱼儿九里沟,口尾相衔直到头。试问鱼儿多少数?请君对面说因由。”(答曰:五万四千个。)……无不趣味横生。

明代研究古典数学的人很少。宋版《九章算术》几乎失传,《永乐大典》虽有抄本,但一般读者不易得到。程大位以《九章算术》篇目为纲,列章分论,结合实际,系统介绍理论,启示后人,振兴数学,特别是联系当时社会实际,研究这些知识的应用,尤为可贵。

《算法统宗》初刊后,不断被翻刻和改编,风行海内外,其影响之大非常少见,在日本的广泛流传和影响尤其令人瞩目。江户时代初期,统一后的日本进入了封建社会的高速发展时期,社会对数学提出了更高的要求,日本原有的数学基础知识已远远不能满足社会和经济发展的需要。明代中国数学由于其商业性和实用性的特点,首先在日本受到了重视。《算法统宗》作为明代数学的代表性成果,成为日本人学习的范本。它对日本传统数学的发展起到了积极的作用,促进了日本数学的体系化和规范化。

《算法统宗》是明代数学的代表性著作,对中国古代筹算向珠算的转变起到了决定性作用。它是明代最高水平的数学著作,对明代商业数学的发展起到了巨大的推动作用。英国李约瑟对中国科技史深有研究,他说:“在明代数学家中,最引人注目的是程大位……在程大位《算法统宗》之前,没有任何关于近代珠算算盘的完整叙述。”《算法统宗》推动了中国珠算的大普及,并使之走向世界。

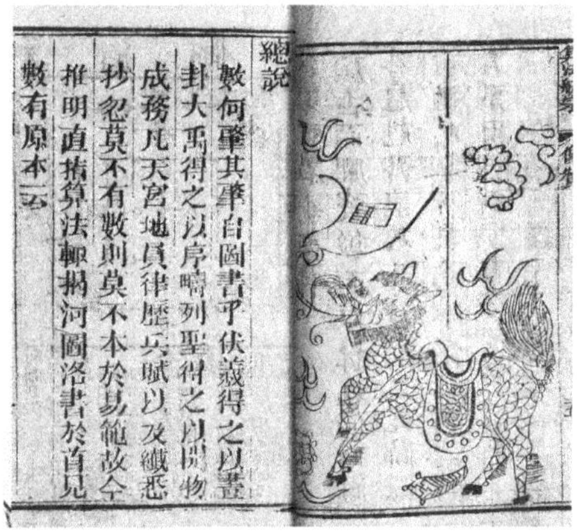
總說
數何肇其肇自圖書乎伏羲得之以畫卦大禹得之以序疇列聖得之以開物成務凡天官地員律歷兵賦以及纖悉抄忽莫不有數則莫不本於易範故今推明直指算法輒揭河圖洛書於首見數有原本云

《算法统宗》书影

数学家汪莱

汪莱（1768—1813），字孝婴，号衡斋，歙县瞻淇人。

汪莱弱冠之年父亲逝世，只身去苏州，于葑门外设馆，以维生计。汪莱天资敏绝，有早慧之誉，一些重要论著多成稿于其青年时期，“其学由自得，不假师授”。汪莱有学有识，多才多艺，除天算外，还通晓经史、释老、音韵、训诂、乐律、金石之学，工篆书，亦能诗。

汪莱的故乡歙县是徽派朴学的重要阵地，他青年时期就仰慕同乡江永、戴震、程瑶田、金榜的卓越成就，遂致力于通晓经史百家及推步历算之术。乾隆五十七年（1792），汪莱在故里制成浑天、简平等仪器，用以观测天象。同年，撰写成以阐述第谷体系的行星及日月运行规律的《覆载通几》，这是一部天文学著作，其中有一些图依靠几何定理来做出说明，创立了天算结合的研究模式，殊为难得。嗣后又多次前往扬州，设馆课徒。苏、扬是当时经济文化发达、人文荟萃的地区，汪莱在此得以结识不少知名之士，如焦循、李锐等人，特别是与焦循相交最深。

汪莱生前，学术界除焦循、李锐、夏蛮等少数人外，多数学者都不能理解他的成就。张敦仁曾讥评他的方程论研究“过苦”，后来又将自己的《开方补记》及搜访到手的明安图遗稿对他实行保密。曾与汪莱、李锐都有交游的江藩，则把他们二人的学术争论加以渲染，说他们因论方程不合，“遂如寇仇，终身不相见”，进而批评汪莱“过矣”。稍晚的罗士琳批评他“矫枉过正，未免失于偏”。骆腾风根本没有理解他的原意，就攻击他的方程论是“黯黔之词以欺世”，并以“算学砭愚”为题指名道姓地批评他的著作。实际上汪莱毕生致力于数学研究，其算学造诣曾为当时的同行专家所认可，焦循《加减乘除释》、张敦仁《辑古算经细草》都曾请汪莱为之作序，其序文今收录在汪莱最有代表性的著作《衡斋文集》之中。汪莱对球面三角形的解法作了比较详细的论述，而之前梅文鼎、江永、戴震、焦循都曾为此撰文论述，然而都不及汪莱提出的“量角度新法”系统和详审。汪莱提出在求解方程时方程根不止有一正根，亦有负根，并设96道例题加以证明，是中国数学史上关于方程根研究的一个突破。汪莱对于其他诸如弧三角形、勾股形、平圆形、弧矢关系、代数方程理论等专题都著有详尽的阐述。汪莱虽终生不得志，但始终坚持治学，刻意求新，研究算学往往参用西法，其主要著述流传至今，使后世在二百多年后的今天，得以窥见其才华和风采。

汪莱的主要著述有《参两算经》《校正九章算术及戴氏订讹》《十三经注疏正误》《今有录》等。嘉庆三年（1798），巴树谷将汪莱所撰的《弧三角形》《勾股形》书稿各一卷合刻，题名《衡斋算学》。咸丰四年（1854），夏燮访得《衡斋遗书》稿本，连同《衡斋算学》一道，刊成《衡斋算学遗书》合刻本。

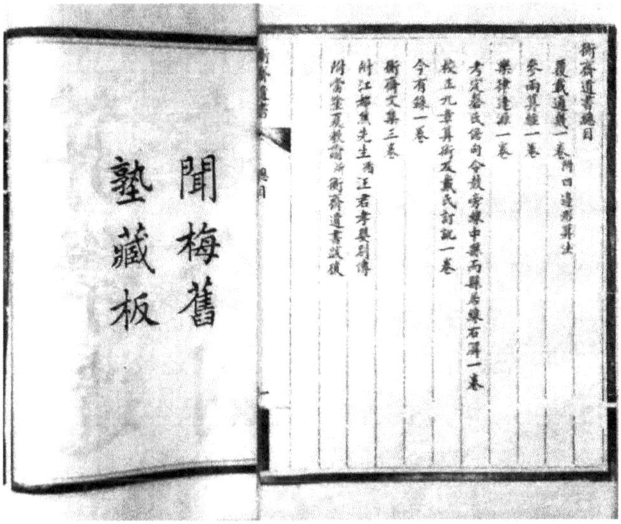

汪莱著作书影

杨光先与中西历法之争

杨光先(1597—1669),字长公,歙县人。

杨光先本为新安卫世袭副千户,让职于其弟光弼,以布衣游北京。明崇祯十年(1637),他抬棺上疏劾大学士温体仁等,被杖谪戍辽。明亡后,杨光先一度闲居在家。清初,朝廷任用德意志传教士汤若望为钦天监,废明《大统历》,用《西洋新法历书》。杨光先先后撰《辟邪论》等书以反对,他嘲笑传教士带来的地球说不合理,提出"宁可使中国无好历法,不可使中国有西洋人"。顺治十七年(1660),杨光先具呈礼部,指控天主教非中土圣人之教,礼部不准。

康熙四年(1665),杨光先又接连向礼部控告传教士有颠覆中国之阴谋,称汤若望所订历法不准,为荣亲王选择葬期、山向"俱犯杀忌"。礼部会审,定汤若望凌迟,南怀仁等三名外国传教士流放,并取缔天主教,在钦天监任职的中国人以"附逆"之罪,被剪除殆尽。杨光先被任命为钦天监副,旋升监正。这就是轰动一时的"历案"。

杨先光被任命为钦天监正后,以"仅知历理,不知历数"为由,五次提出辞职,未准。杨光先将其不同时期的专文、呈状等共二十一篇汇辑为《不得已》一书,集中阐述了他批判、攻击西洋传教士、天主教和西洋历法的主要观点。

康熙皇帝亲政后,对四辅臣先前所施行的一系列政策很不以为然,首先重翻"历案"。康熙七年(1668)四至六月,有所谓"金星昼见"和京师、山东地震,十二月,在钦天监治历的法国传教士南怀仁劾奏钦天监所造《七政民历》内,闰十二月应是九年正月,又有一年两春分、两秋分等种种差误。康熙八年(1669),杨光先的历算被验证错误严重,终被革职。八月,南怀仁、李光宏等又呈控杨光先依附鳌拜,捏词陷人,将历代所用洪范五行称为灭蛮经,致李祖白等五位官员被杀,汤若望等无辜下狱。经议罪,拟将杨光先处斩。康熙皇帝念其年老,姑从宽免死。杨光先死于归乡途中。

光学家郑复光

郑复光(1780—约1862),字元甫,歙县郑村人。

郑复光少年时代爱好广泛,博览群书,研习中国和西方传来的各种科学原理,探索自然物理和机械制造的奥妙。青年时期考取监生以后,对读书入仕日渐淡漠。为了拓宽视野,取得实证资料,郑复光漫游了大江南北很多省份,收集物理研究的素材,进行有针对性的科学试验活动。

道光二十二年(1842),郑复光将日常观察和听闻的各种自然异象,列200多条,用热学、光学等原理加以系统阐释,撰写了《费隐与知录》一书。道光二十六年(1846),郑复光从早年在扬州所看灯影戏中得到启发,经过多年精心研究,写成了《镜镜诊痴》五卷,集当时中西光学知识之大成。在完成此书的基础上,郑复光制造了中国最早的一台测天望远镜,对神秘的天空进行了近代科学意义上的实验观测。

郑复光的第一成就是对光学的研究。《镜镜诊痴》一书扼要地分析了各种反射镜、折射镜的镜质和镜形,系统地论述了光线通过各种镜子(主要是凹透镜、凸透镜和透镜组)之后的成像原理,具有丰富的光学知识。书中创造了一些光学概念和名词来解释光学仪器的制造原理和使用方法。《镜镜诊痴》还对各种铜镜的制造、对铜质透光镜的透光原理以及冰透镜取火等问题,作了详细的论述。它是中国十九世纪上半叶的一部重要光学专著,代表了清代中期中国的光学发展水平。

郑复光的另一成就是对地磁学的研究,解释了地磁现象尤其是地磁偏角现象。郑复光在其著作《费隐与知录》中提出了"罗针偏东由于地脉"的地脉说。他在书中明确赋予了地脉以确切的力学作用,"针为地脉牵掣",地脉能够对磁针施予力的作用。这些概念与同时代欧洲大科学家法拉第的磁力线概念十分相似,这是中国古代地磁场论的最高成就。

郑复光晚年对国外的蒸汽机动力理论产生了较大兴趣，曾致力于战船的设计和模型制造工作。

梁启超在《中国近三百年学术史》中对郑复光极为推崇，他认为自明末西方科技输入中国以来，仿效西方科技“最为杰出者，则莫如歙县郑浣香（复光）之《镜镜诊痴》一书”。

費隱與知錄 四六

性似與陰火不協然海水自發其光乃寒是寒因暖見故必動之而
後出蟲則與巽質斯蝋之理仍合而與丁君之說亦不齟齬矣至硬
質火能鎔金而不損紙則神異獨具與火義 雲母
巨火不傷者等不可以常理測者又不係乎陰陽矣

水映物大凸鏡之理

問物在水中其形較大與日星初出地平爲清濛氣掩映同理泰西
人言之屢矣而未言其所以然曰此凸心鏡理也地爲圓形水附于
地亦圓故其中有物如隔凸視之故發大也濛氣出地高卑相等附
地圓面亦成圓體故日星行度低時得見爲大至行漸高則漸小者
或以爲漸高則濛氣漸收所致非也蓋日初出濛氣正濃行度漸高
則漸收竝然若是則不能收濛氣何以亦低大而高小耶取平光鼓
桐隔四五層不見物大故知凸使然也日行度高低凸之深淺自同
低大高小其說不可通矣曰此視法不同也何者以卯與辰爲日至
丙丑弧與庚丁子弧等則已之凸原不深于丙之
凸但日在地心甲則壬己丙弧爲其弧今日在地
面乙則庚辛丁弧爲其弧而濛氣弧則爲壬己丙
弍乙目視庚辛丁固與視庚丙丑等而視壬癸丙
必不得如視庚丙丑矣何者試取淺凸鏡先正對物視之見物幾何
大再稍側之則淺凸必較深而物加大矣此如以庚辛丁凸側作壬
已丙凸則視辰于癸必大于視卯于丙也 遠鏡說云日初出非正

《费隐与知录》书影

程大昌与地理学

程大昌(1123—1195)，字泰之，休宁县会里村(今洪里村)人。

程大昌自幼好学，绍兴二十一年(1151)中进士，官至吏部尚书。绍熙五年(1194)，以龙图阁直学士致仕，庆元元年(1195)卒，谥文简，因此又有人称他为“程龙图”“程文简”，是宋代的著名学者。

程大昌十分博学，在经学、诗学、地理学等多个领域都有独特的贡献。程大昌在地理学研究方面留下不少著述，其代表作有《禹贡论》五卷、《禹贡后论》一卷、《禹贡山川地理图》二卷、《北边备对》一卷、《雍录》十卷等。

程大昌在地理学研究中形成了自己的学术风格，表现出两个明显的特点：

一是以传统经典文献如《禹贡》《水经》等为题，展开研究。在论述中旁征博引，甚至联系世界地理加以比较、论证。据周密《癸辛杂识》记载，程大昌讲《禹贡》，对经文中的“阙文疑义，疏说甚详，且多引外国幽奥地理”。后研究地理的学者常常援引其说。程大昌的这一研究风格，显然得益于他深厚的学术功底。

二是注重实用，关心民生，将地理学研究与社会实际相结合。如研究水系是为了治理水患；研究军事地理则着重研究边境地理，以求固边。程大昌在政治上主张坚决抗金，谋求收复失地，期望统一，所以他在有关边境地理研究中，围绕当时边境矛盾，致力于阐明宋金双方交界处的地理特点，及其与社会政治、经济的联系。程大昌在深入研究的基础上，针对边境地理形势，向孝宗皇帝进言，提出了抗金的方略，将地理学学术研究应用于抗金备边的社会实践。

程大昌对《禹贡》的研究，成绩非常突出，涉及河水、江水、济水、治水、弱水、黑水、荆山、碣石以及田赋问题。针对黄河、汴水经常发生水患的问题，程大昌进行了深入的考察和研究，撰文八篇，讨论了水患的原因及治理的思路。程大昌在书中大量引用北魏地理学名家郦道元《水经注》中的记载。程大昌不论采择或补正，都本着严谨的学术态度，不盲从，不揣测，不惟古。他对郦道元的错误观点往往深究其源，追查错误根源；判定郦道元正确记载之时，必搜罗其他历史资料加以佐证。

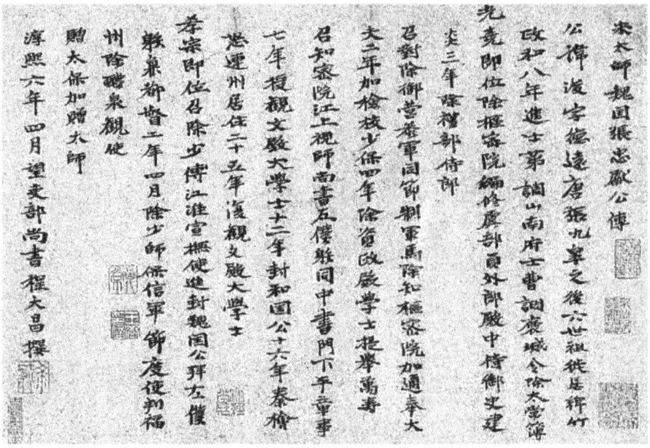
宋太師魏國張忠獻公傳
公諱浚字德遠唐張九臯之後六世祖徙居綿竹
政和八年進士第調山南府士曹詞褒城令除太常簿
光堯即位除樞密院編修虞部員外郎殿中侍御史建
炎三年除禮部侍郎
召對除御營參軍同節制軍馬除知樞密院加通奉大
夫二年加檢校少保四年除資政殿學士提舉萬壽
召知密院江上視師尚書右僕射同中書門下平章事
七年復觀文殿大學士十二年封和國公十六年秦檜
謫連州居住二十五年復觀文殿大學士
孝宗即位召除少傅江淮宣撫使進封魏國公拜左僕
射兼樞密都督二年四月除少師保信軍節度使判福
州除醴泉觀使
贈太保加贈太師
淳熙六年四月望吏部尚書程大昌撰

程大昌手迹

程大昌的地理学研究，无论是研究方法还是学术思想都自成风格。他在系统梳理南宋以前主要地理学家的观点之上，对上古地理学颇多发明。尽管在今天看来，他的研究方法或许存在某些局限性，但对于中国地理学史来说，程大昌的工作有着不可替代的价值。

吴鲁衡罗盘

位于万安老街70号的吴鲁衡罗经老店，所制作的罗盘称为“徽罗”，是全国现存的唯一以传统技艺手工制作的罗盘，有媒体将其称为“中国的名片”。作为中国传统罗盘的代表，万安罗盘源于中国古代四大发明之一的指南针，而它能够在全国众多传统罗盘中脱颖而出，得益于徽州发达的商业和文化，更是明清以来数代罗经大师智慧与心血的结晶。

徽州人重风水，堪舆发达，对用于点穴定位的罗盘，无论在数量还是质量上，要求都很高。因此，从元代初期开始，徽州的罗盘业逐渐超过了此前领先的江西赣州，徽州成为全国罗盘业的中心。万安罗盘业就是在这样的大背景下应运而生的。到了清代中期，万安先后出现了方秀水、吴鲁衡、胡茹易、胡平秩等罗经老店。在这些老店中，方秀水曾经是领先者，但在经过近百年的长期竞争后，被吴鲁衡超越，十九世纪以后的万安罗盘，当以吴鲁衡为代表。

吴鲁衡罗盘的兴起，是由几代罗经大师艰辛努力、开拓进取而完成的。吴鲁衡(1702—约1760)，名国柱，曾在方秀水老店当学徒。雍正年间，在万安上街自行创办了“吴鲁衡罗经店”，凭借精益求精、一丝不苟的制作态度，他制作出的罗盘很快就在市场上超越了方氏罗盘，并畅销各地，奠定了吴鲁衡老店的发展基础。

吴鲁衡第五代传人吴毓贤(1851—1922)，将罗经店迁至今万安老街70号。吴毓贤讲究诚信，务实求新，产品更精量。民国四年(1915)，他与长子吴慰苍共同制作的日晷获巴拿马万国博览会金奖、南京南洋劝业会优等奖等，创造了万安罗经业新的辉煌。

吴鲁衡第六代传人吴慰苍(1900—1960)，自幼随父学习罗经制作工艺，他承前启后，奋发努力。1931年“九一八”事变后，日寇占领东三省，东北市场丧失，对吴鲁衡罗经店是一次沉重的打击。此后连绵的战争，更使整个万安罗盘业逐渐走向了衰落。

吴鲁衡罗盘

吴鲁衡第七代传人是吴水森。改革大潮兴起，给吴水森施展才能提供了良好的机遇，他坚持学习科技知识，不断摸索实践，特别注重“产、学、研”相结合，其产品以质量上乘、精密度高而畅销国内，还外销至新加坡、日本、美国等地。

今天，吴鲁衡罗经老店已成为全国唯一一家经历三个世纪，一直由吴氏祖孙世代传承，具有独特工艺技术的厂家。2006年，万安罗盘制作技艺经国务院批准列入《第一批国家级非物质文化遗产名录》。2009年4月，吴鲁衡涵记老店整修工程正式启动，按照“修旧如旧”的原则，恢复了古朴典雅的风貌。历经沧桑的百年老店吴鲁衡罗经老店正在阔步前进。

灿烂的新安医学

新安医学始于宋、元，盛于明、清。徽州儒生在“不为良相，即为良医”的思想指导下，从医者甚多，并涌现出一批有名的医学家，撰写了一批珍贵的医学典籍，代表了新安医学的灿烂成就。

新安医学家大多治学严谨，广征博采，并勤于考证，尤以对经典医籍的注释阐发最多。如南宋歙县名医张杲撰写的《医说》十卷，为新安医学家现存最早的医学著作，明代嘉靖年间重新刊印，并流传至日本、朝鲜。明代歙县江瓘撰辑的《名医类案》十二卷，为我国最早的一部总结历代医案的专著。吴昆编注的《医方考》六卷，是我国医学史上的一部较系统注解医方的专著，并相继在朝鲜、日本刊行。余午亭撰写的《诸症析疑》四卷，后人称为“苍生之司命”。明末清初，程敬通著有《心法歌诀》《医法心传》和《程敬通医案》，民国《歙县志》称赞他“以儒通医，一诊即能决人生死”。清代乾隆年间，太医院院判吴

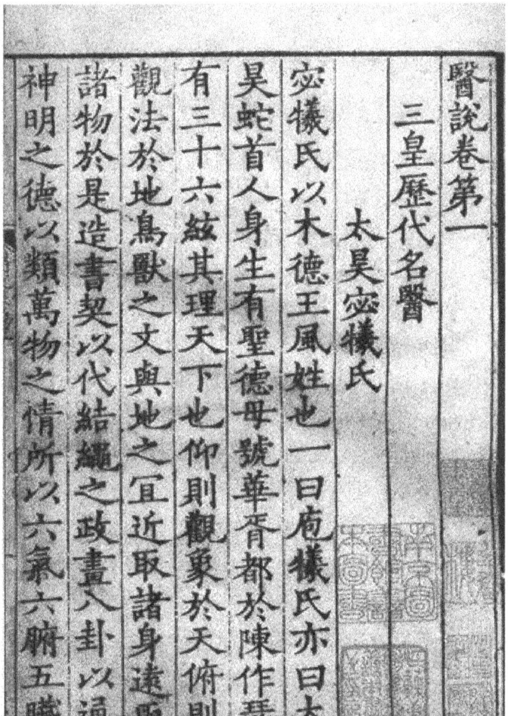
醫說卷第一
三皇歷代名醫
太昊宓犧氏
宓犧氏以木德王風姓也一曰庖犧氏亦曰太昊蛇首人身生有聖德毋號華胥都於陳作瑟有三十六絃其理天下也仰則觀象於天俯則觀法於地鳥獸之文與地之宜近取諸身遠取諸物於是造書契以代結繩之政畫八卦以通神明之德以類萬物之情所以六氣六腑五臟

《医说》书影

谦主编的《医宗金鉴》九十卷，曾作为太医院教材，在历史上获得很高的评价，也是当代医学家常用的参考书籍。还有程杏轩的《医述》十六卷，喉科名家郑梅涧的《重楼玉钥》二卷，等等，在全国都有很大的影响力。

明代新安医学家重视临床实践，去伪存真，敢于破旧创新。吴昆著《脉语》一书，批评了高阳生《太素脉》以候脉来测知人的智愚、寿夭和富贵的唯心观点，对后世医学家颇有启发。吴师郎精通《易经》，以易通医，把《易经》的辩证唯物观点运用到医理上来，写出《不居集》五十卷，专论劳损的辩证治疗，补前人之所未备。方有执认为张仲景《伤寒论》垂世久远，当有错简，竭二十余年之精力，寻求端绪，撰成《伤寒论条辨》，成为“错简派”学说之祖。喉科名医郑梅涧父子用养阴清润之法，治疗白喉，开创了喉科医学史上的养阴清润派。余午亭强调扶正气、益脾胃，发展了祁门汪机创立的“固本培元派”学说。还有吴澄的“外损”和“理脾阴”学说以及客居苏州的叶天士所创的“卫、气、营、血，辨治温病”学说等。这些学说对新安医学乃至中国医学的继承和发展，均产生了很大的影响。

新安医学专科齐全，世代相传，形成众多的医学世家，至今不息。如始于南宋“医博”黄孝通的“黄氏妇科”，至今已二十五世，代不乏人。延续至今的还有明代余午亭和吴正伦开创的“内科”，清代王学健创始的“新安王氏医学”，郑于丰、郑于蕃创始的“南园喉科”和“西园喉科”，以及“吴山铺伤科”“蜀源外科”“正口妇科”，等等。

中国中医研究院著名专家余瀛鳌评说道：“新安医学的影响至为深广，所遗留的著述，与历史上其他一些以名医所在地命名的医学流派相比，在名医人数上处于领先地位；在医学流派所涉及的医著内容方面，亦更丰富多彩。”

汪机——新安医学的集大成者

汪机(1463—1539),字省之,号石山,祁门县朴墅人。

汪 机

汪机家族世代行医,祖父汪轮、父亲汪渭均为名医。汪机少时勤攻经史,后因母亲长期患病,其父多方医治无效,遂抛弃科举功名之心,随父学医。他努力钻研诸家医学经典,取各家之长,融会贯通,医术日精,很快便青出于蓝而胜于蓝,不仅治愈了母亲头痛呕吐的疾病,且“行医数十年,活人数万计”。

汪机精通《内经》《本草》《伤寒》《脉经》及运气学说和临床各科,加上学识高超,善于进行理论总结。汪机生平著有医学著作十余部,其中包括《医学原理》十三卷,《读素问钞》三卷、补遗一卷,《运气易览》《伤寒选录》八卷,《补订脉诀刊误》二卷,《外科理例》八卷,《痘治理辨》二卷,《针灸问对》三卷,编辑有《推求师意》。生平治疗经验由弟子陈桷(字惟宜)编成《石山医案》四卷。汪机还编有《本草会编》二十卷,已佚。

汪机所著《针灸问对》一书,对针灸学贡献很大。该书分三卷,上、中两卷主要论述脏腑经络、周身气血、针刺诸疾及其治疗方法,下卷专论灸法适应症及经络俞穴。书中首先指出“用针必先诊脉”,强调“切脉观色,医之大要”,反对“医者不究病因、不察传变,惟守某穴主某病之说”。他批评那些“执中无权,按谱施治”的医生为“按图索骥”或“譬之狂潦泛滥,欲塞下流而获安者”,主张针治疾病宜“先定五脏之脉，备循九候之诊，而有太过不及者，然后乃存意于用针之法”。他又提出针灸疗法具有一定的适用范围，体现了实事求是、反对哗众取宠的科学态度，对我国针灸学的发展产生过重要的影响。

汪机在传扬丹溪（元代名医朱震亨）医学的同时，悉心钻研《内经》《难经》和《伤寒》，提出了“舍卫补营”的观点，总结出一套用参、芪的“补营”方法和理论，反对不分场合地滥用苦寒，倡用甘温，填补了前人养阴理论的不足，形成“补气即是补阴”的独特医学见解，为“培本固元论”奠定了理论基础。汪机还提出新感温病，阐发温病学说，认为温病的成因有“伏气”，有“新感”。这些见解，对后世的温病学派产生了重要影响。

汪机善于培养人才，门人主要有陈桷、周臣、汪副护、黄古潭等，其他及门与再传弟子甚多，促进了明代新安医学的繁荣。《明史·李时珍传》说：“吴县张颐、祁门汪机、杞县李可大、常熟缪希雍，皆精医术。”汪机是明代名冠全国的四位医学大师之一，是新安医学的集大成者。

汪惕予——中国西医之父

汪惕予(1868—1941),绩溪余川人。汪惕予出身于商人家庭,其父创汪裕泰茶号,是近代徽州最大的茶商。汪惕予在继承家族商业的同时,对医学极感兴趣。光绪十九年(1893),“就江苏奉贤夏景垣先生习医术”。光绪二十五年(1899),汪惕予赴日本,入篠崎医校学习西医。在日期间,茶庄事务由他人打理,汪惕予本人则“在医校穷探奥窔,至废寝馈,又得彼国通人切劘学业,因以大进”。

汪惕予

光绪二十九年(1903),汪惕予学成回国,在上海英租界广西路开设诊所。“时君医术已噪远近,适两江总督端方患风疾,乃专员赍千金为聘,并遣兵轮迎至南京督署诊治,署中医士蜂集,君深得温礼,坐诊匝月,端之宿疾大瘥。”由于成功治愈了两江总督端方的宿疾,汪惕予医名大震,诊事随之繁忙,原设的诊所日显不济,他决定兴办一所教授西医的医校。“君以中国医学虽属五千年之国粹,然金元以来学派褋出,聚讼纷纭,莫衷一是,且以气胜生尅之说尤支离惝恍,不若西医之尚实验思,欲开医校、设医院,以津逮学子,普救病人。”光绪三十年(1904),汪惕予利用汪裕泰茶号营茶利润2万元,又得两江总督端方、江苏巡抚瑞征及使美大臣伍秩庸等人资助2.4万元,共集4.4万元,创办中国自新医科学校,并于南京东路附设中国自新医院。汪惕予亲任院长,聘用东、西洋医学校优秀毕业生当助手。

为宣传新医学,汪惕予还编辑发行大量的医学报纸杂志,出版医学专著,创办各类医校。光绪三十四年(1908),汪惕予创立医学世界社,任主编,编辑和发行《医学世界》杂志,首期于是年六月出版,每月出一期,总共出三十一期。《医学世界》主要内容为中医和西医,题材有医案、医学问答及医学小说等。汪惕予将其译述的《解剖学生理学大意合缩》登载在该杂志上,为西医解剖学在中国的发展起到了启蒙的作用。依托杂志社,汪惕予还编译了多本介绍近代西医学的书籍,合称《汪氏医学汇编》,促进了西医学知识的普及与教育。他还增设医学补习夜校,每六个月为一期,共教授学生近千人。宣统元年(1909),汪惕予创办了中国女子看护学校及中华妇产科学校,招收青年女子,授以最新看护学,学制为两年。民国初年,各省成立赤十字社(即红十字会),护士多系该校毕业。上述各类医校均为中国推行西医之首创。

汪惕予不仅医术超群,而且医德高尚。武昌起义爆发后,全国响应,清军与革命军数度激战,大江南北陈师羁旅,血肉相搏,伤亡惨状惊心触目。汪惕予为救护伤亡不遗余力,先后救治伤兵五千余人。

民国二年(1913),中国成立第一个西医界的全国性组织——全国医界联合会。由于为中国西医的开创做出过重大贡献,汪惕予被推举为会长,享有“中国西医之父”的殊荣。

徽州文学与艺术

明清时期的徽州，由于徽商的繁荣，大量的财富回流徽州本土，为徽州文化的快速发展提供了经济基础，在文学和艺术上取得了很高的成就。这一时期的徽州，涌现出了像程敏政、汪道昆这样的文坛盟主，并在篆刻、版画、雕刻等艺术领域达到了当时全国的领先水平。

“天下文章程敏政”

程敏政（1446—1499），字克勤，号篁墩，祖籍休宁陪郭。

程敏政高祖程吉辅，在建文初年与徽州知府陈彦回关系非常密切，明成祖靖难之役中，陈彦回因忠于建文帝被杀，程吉辅受到牵连，“亦被逮，子社寿代戍河间”。程社寿遂为河间军籍，生子程晟，程晟生程信。程信中正统七年（1442）进士，历任太仆卿、都察院左佥都御史、兵部侍郎、南京兵部尚书，在抵抗瓦剌入侵和镇压川南叛乱中均立有战功，卒赠太子少保，谥襄毅。程敏政自幼聪慧，有神童之誉，十岁时为景泰帝召见，面试以圣节及瑞雪诗并经义各一篇，援笔立就，诏读书翰林院。大学士、首辅李贤器重其人，以女妻之。二十二岁时，中成化二年（1466）进士一甲二名（榜眼），授翰林院编修，不久升左春坊左谕德，侍皇太子（明孝宗）讲读。弘治年间曾任礼部右侍郎，去世后追赠礼部尚书。

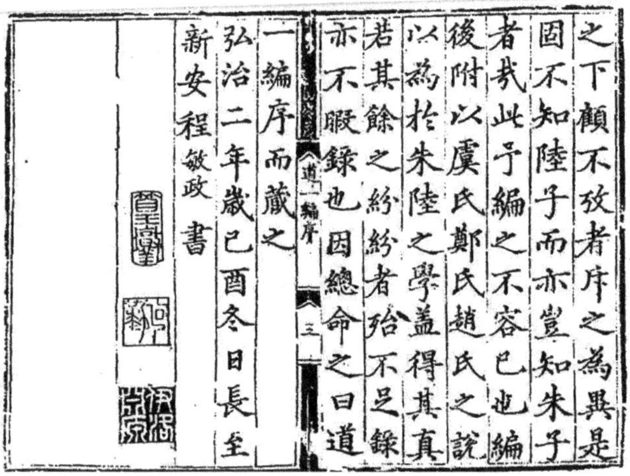
之下顧不攷者序之為異是固不知陸子而亦豈知朱子者哉此予編之不容已也編後附以虞氏鄭氏趙氏之說以為於朱陸之學蓋得其真若其餘之紛紛者殆不足錄亦不暇錄也因總命之曰道

道一編序　三

一編序而藏之

弘治二年歲己酉冬日長至

新安程敏政書

程敏政手迹

程敏政学识宏富，著有《明文衡》《篁墩文集》《新安文献志》《休宁志》《咏史诗》《宋遗民录》《真西山先生心经附注》《仪礼逸经》《大学重订本》《胡子知言》《苏氏祷机》等等，近二十种五百余卷。程敏政是明代中期著名学者、文学家，在当时就有“天下文章程敏政”之誉，清代《四库全书》纂修者对其评价也很高：“明之中叶，士大夫侈谈性命，其病日流于空疏，敏政独以雄才博学，挺出一时，为一时之硕学。”

程敏政为徽州文化做出过杰出贡献。他学识宏博，笔力纵横，豪放奔逸，创作诗歌数千首，各种文体的文章一千二百余篇，其所写的一百余篇“记”体散文，饱含情感，逸兴飞动，语言醇美，结构谨严，显示出杰出的艺术创造才能。程敏政对徽州文化的另一大贡献，是通过编纂各类著述，保存了大量的徽州文献，其中以《新安文献志》最为重要。

《新安文献志》是程敏政汇集南北朝以后徽州历代重要著述的典籍汇编，涉及徽州地区历史、文化、生活的方方面面，是一部地方文献总集。这部书共一百卷，分甲乙集：甲集六十卷，专收徽州本郡自汉迄明乡贤所撰之诗文；乙集四十卷，则兼收外郡人徽州先贤行实之文。全书共收文一千零八十七篇，诗一千零三十四首。百卷之前，先列有《新安先贤事略》上下卷，上卷收列徽州籍各朝名人三百二十六人，下卷收列外地曾在徽州为官或寄居的名士一百一十四人。可以说，从南北朝至程敏政生活的明代弘治年间，徽州重要文献都囊括在此书之中。

由于年代久远，古代文献的保存本身就不容易，加上历代天灾人祸的破坏，很多原著都已不存于世，只有依赖《新安文献志》才能寻找其大概。因此，它的重要性不言而喻。今天，从《新安文献志》对徽州地域特色、社会历史和人物等的记载中，我们仍可感受到徽州文化厚重的历史感以及独特的文化魅力。

文坛盟主汪道昆

汪道昆(1525—1593),字伯玉,号南溟,又号太函,歙县松明山(今属徽州区)人。

汪道昆雕像

汪道昆出身于盐商世家,自幼聪慧。嘉靖二十六年(1547)中进士,初任义乌知县,历官武选司署郎中事员外郎、襄阳知府、福建按察使、福建巡抚、郧阳巡抚、湖广巡抚等职,仕终于兵部左侍郎。汪道昆生活的嘉靖、万历年间,正是日本海盗集团侵扰我国东南沿海的高峰时期,百姓备受倭寇之患。汪道昆从就任义乌县令起,就积极组织民众习武练兵,实现全民防御。任职福建时,他配合抗倭名将戚继光筹谋策划,招募义乌兵赴前线参战,大败倭寇,一时举国振奋。汪道昆晚年任兵部要职,不辞辛劳,亲赴前线视察,并从整体的角度大胆改革国防弊政,提出强化边防的整套军事方案。

汪道昆不仅武略超群,还是明代中期兴起的古文运动中的重要人物,与他同时代的文学家李维桢曾称赞他:

李北地梦阳之才,能小而不能大,能短而不能长。李历下于鳞之才,能高而不能下,能奇而不能正。王弇州世贞,以才骋法,而法不胜才。人生几何,其书充栋,微伤率耳。汪司马之文,小大长短高下奇正,随所结撰,积句成篇,积字成句,无不精丽,其才能经纬错综之也。

按照李维桢的评价，汪道昆的文学才能甚至超过了公认的明代文坛领袖李梦阳、李于鳞、王世贞等人，足见评价之高。

现在流传下来的汪道昆文集有《太函集》一百二十卷，收散文一百零六卷，诗歌十四卷一千五百二十首。汪道昆身处徽商繁盛时期，又出身于徽商世家，因此书中收录了大量为徽商撰写的传记、行状、墓志铭等，成为今天徽学研究极为宝贵的资料。汪道昆在为徽商撰写的这些传记中集中阐述了他的贾儒之观：

> 新都三贾一儒，要之文献国也。夫贾为厚利，儒为名高。夫人毕事儒不效，则弛儒而张贾；既侧身飨其利矣，及为子孙计，宁弛贾而张儒。一弛一张，迭相为用，不万钟则千驷，犹之转毂相巡，岂其单厚计然乎哉，择术审矣。

这段话非常形象地说明了贾与儒的良性循环，徽州人贾而好儒，不断寻求成功的机遇，他们的做法常被后人效仿。

汪道昆精通音律，在戏曲创作方面有较高水准，所制杂剧清新俊逸、诙谐多姿，影响很大，传世的共有五种：《高唐梦》《五湖游》《远山戏》《洛水悲》《唐明皇七夕长生殿》。这些戏曲内容都假传说来写历史人物的爱情故事：《高唐梦》叙楚襄王梦中会见巫山神女，题材取自宋玉《高唐赋》；《五湖游》述越王勾践平吴之后猜忌功臣，范蠡见机勇退，偕同西施归隐太湖；《远山戏》取汉京兆尹张敞沉溺伉俪之乐，为妻画眉的故事；《洛水悲》写甄后之魂化为洛水之神，与曹植了却相思债的奇遇。从上述四剧的内容可以看出，汪道昆的戏曲创作反映了士大夫在官场生活之余，假戏曲创作以遣兴娱情的一种倾向，虽题材范围较窄，但文词清丽委婉，艺术水准很高。

文学家张潮

张潮（1659—1707），字山来，号心斋，别号香雪、焦山，自号心斋居士、三在道人，歙县人。

张潮出身于缙绅家族，其父张习孔为顺治六年（1649）进士，官至刑部郎中。张潮成长在“田宅风水、奴婢器什、书籍文物”一应俱全的优裕环境里，受到父亲严格的家教，没有沾染官宦富贵人家子弟常见的纨绔习气。自幼好读书，博通经史百家言，十五岁中秀才，但此后多次参加科举均不第，康熙初年以岁贡生捐授翰林院孔目。张潮著述甚多，其《幽梦影》是一部在中国古典文学史上久享盛誉的散文集，《花影词》也盛行当时。

张潮虽官位不显，但广结学硕鸿博，搜奇揽胜，纵观当代簿籍，为从事编刊图书和著述事业创造了条件。张潮接管家传诒清堂后，以编刊书籍和著述为主业，成为清前期徽州府籍最大的坊刻家之一。其子孙在乾隆年间及以后仍以诒清堂为号，继续从事编刊出版业，绵延百余年的诒清堂成为徽州府籍著名的刻坊。

张潮刻书众多，与人合作编刊的《檀几丛书》《昭代丛书》，以及独立编刊的明末清初短篇文言小说集《虞初新志》等，都是开创一代编辑出版新风气的名书名版。

《檀几丛书》是一部专收清初诸家杂著中的小品或节载（特别是小品文学作品）的大型丛书。全书笔记杂著多达一百五十七种，凡注卷数的达一百余卷，共分两集，加上没有注卷数的小品文五十七种，辑为《余集.上》（三十种）、《余集.下》（十七种），《附录》（十种），如无卷数的按每种一卷计，总卷数则为一百五十八卷。今有清康熙三十四年至三十六年（1695—1697）歙县刻本，收录了编刊者张潮父子等的大量小品文，是研究他们编辑思想和学术成就的有益资料。

《昭代丛书》是张潮领衔主编的一套大型清人杂著丛书。其中，张潮编甲、乙集，与张渐合编丙集，每集五十种，五十卷，分别于康熙三十六年（1697）、三十九年

（1700）、四十二年（1703）刊刻行世。这部书内容广泛，旁及四部，尤以掌故琐记为重，保存了清前期的大批文献资料，在中国古代出版史上具有重要地位。

《虞初新志》二十一卷，是张潮在康熙二十二年（1683）前所编选的短篇文言小说集，其中所收多为明末清初人仿拟传奇故事的作品，每篇小说后均有评语，体现了张潮的编选思想。《虞初新志》的部分篇章反映的社会现实生活较为深刻，广受欢迎。不少篇章用小品文的笔调，写不平凡的人物故事，引人入胜。该书的问世，在文言小说编纂史上自呈一种别开生面的崭新面貌，创立了一种独具品格的小说体类，标志着“虞初”体小说的正式诞生。《虞初新志》中的代表作，如《核舟记》《口技》等被选入中学语文课本。

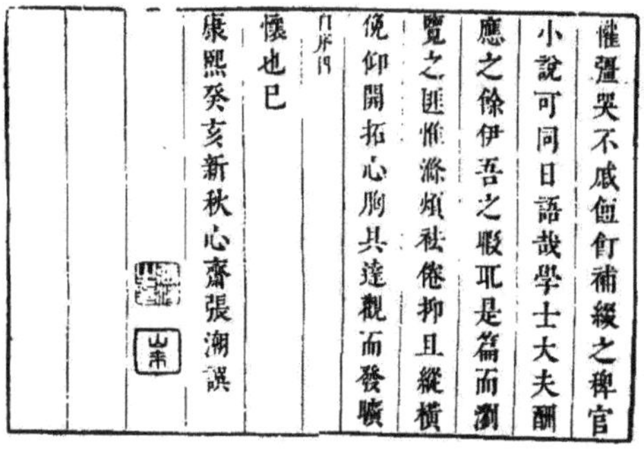
惟彊哭不戚飽飣補綴之稗官
小說可同日語哉學士大夫酬
應之餘伊吾之暇取是篇而瀏
覽之匪惟滌煩祛倦抑且縱橫
俛仰開拓心胸具達觀而發曠
懷也已
康熙癸亥新秋心齋張潮譔
自序四

《虞初新志》书影

祁门二马与扬州文坛

马曰琯(1688—1755),字秋玉,号嶰谷;马曰璐(1695—1761),字佩兮,号南斋。马氏兄弟本为祁门县县城人,随家族迁居扬州,经营盐业,为当地巨富,人称"祁门二马"。马家在扬州筑有街南书屋别墅,又名小玲珑山馆,为扬州著名园林。

马曰琯为人慷慨好义,有豪爽气,喜交游。他与扬州八怪之一高翔相交甚早、相知甚深,两人隔街而住,时有诗文唱和。当时著名学者如杭世骏、符曾、陈撰、厉鹗、金农、汪士慎、陈章、姚世钰、丁敬等,都是马曰琯的座上之宾。袁枚曾说马曰琯"横陈图史常千架,供养文人过一生"。

马家有小玲珑山馆,是当时扬州文人诗文会聚的中心,《扬州画舫录》曾描述当年的盛况:

> 扬州诗文之会,以马氏小玲珑山馆、程氏筱园及郑氏休园为最盛。至会期,于园中各设一案,上置笔二、墨一、端砚一、水注一、笺纸四、诗韵一、茶壶一、碗一、果盒茶食盒各一,诗成即发刻,三日内尚可改易重刻,出日遍送城中矣。每会酒肴俱极珍美,一日共诗成矣。

马氏小玲珑山馆也是著名的藏书楼,藏书百橱。乾隆三十七年(1772)修《四库全书》,马氏后人献书七百七十六种之多,是全国献书最多的四家之一。乾隆皇帝赐给《古今图书集成》一部,共五千零二十册,后又继赐《平定伊犁御制诗三十二韵》、《平定金川制诗六十韵》、《得胜图》三十二幅等。

马曰琯是热心于刻书业的著名书坊主持人,他曾为朱彝尊刊刻《经籍考》,还刻有《许氏说文》《玉篇》《广韵》《字鉴》等书,插图甚精,深受文人们好评,被称为"马版"。马曰琯藏书与所主持刻书画与藏书,足与鲍廷博、汪启淑等大家相媲美。

马曰琯学识宏富,善于为诗。沈德潜评其诗为"峭刻得山之峻,明净得水之澄",可见水平不一般,今传《沙河逸老集》十卷和《嶰谷词》一卷。《清史稿·文苑传》

有《马曰琯传》，足证他的文名确为当时所重。马曰璐诗风清刻，著有文集六卷、词二卷，合为《南斋集》刊行，与兄合编《丛书楼目录》。

马氏兄弟手足情深，志同道合。他们在扬州亦贾亦儒，营造出清代文化史上一道独特的景观。“贾而好儒”是徽商的一个重要特色，马氏兄弟大大推动了扬州地区诗文之会的兴盛。他们还慷慨解囊，修建梅花书院，资助穷苦文人，留下了许多佳话。

小玲珑山馆一角

郑之珍与目连戏

目连救母的故事在中国家喻户晓，它最早起源于西晋《佛说盂兰盆经》。据唐代晚期王定保《摭言》记载，张祜曾对白居易说："明公亦有《目连经》。《长恨辞》云：'上穷碧落下黄泉，两处茫茫皆不见。'此岂不是目连访母耶？"可知当时已有以目连救母为题材的变文。现存敦煌写本《大目犍连变文》《大目连变文》和《大目连缘起》，故事情节已较完备。宋孟元老《东京梦华录》卷八《中元节》说："勾肆乐人，自过七夕，便般（搬）《目连救母》杂剧，直至十五日止，观者增倍。"可见北宋时已有连演七天的"目连救母杂剧"。元末则有《目莲救母出离地狱升天》宝卷。徽州的目连戏，产生于明万历年间郑之珍创作的《新编目连救母劝善戏文》。

郑之珍（1518—1595），字汝席，号高石，祁门县清溪村人。他屡试不第，因撰《新编目连救母劝善戏文》而成为戏剧家。戏文共一百出，分上、中、下三卷。善人傅相广济孤贫，斋僧布道，升天后受封"天曹至灵至圣劝善大师"。其妻刘青提受人怂恿，违誓开荤，不敬神明，杀害生灵，触怒上苍，被鬼使摔入酆都地狱，备受折磨。其子傅罗卜夙具孝心，甘冒艰险，前往西天恳求佛祖超度。佛祖嘉其孝义，允许皈依沙门，改名大目犍连。目连为寻母去地狱，遍经十殿，百折不回，终于感动神明，实现了母子重逢、同升天界的愿望。

郑本目连戏以劝善惩恶为主题，同时反映了人民群众的生活情趣，场面热闹，有的还穿插筋斗、蹬罈、跳索、跳圈、窜火等杂技表演，所以在民间演出时受到热烈的欢迎。最早组织班社演出的是祁门西乡的栗木村，接着徽属六县目连戏班社纷纷建立并组织演出，后来还流传到江苏、浙江、江西、湖南、福建、四川等地。

明末清初的张岱在《陶庵梦忆》中记叙了"徽州旌阳戏子"搭台演出《目连救母》三天三夜的盛况。近代安徽、浙江、江苏、江西等地的乡间多有目连戏的演出，或三天三夜，或"两头红"（从太阳落山演至次晨日出），也有连演七夜或九夜的。目连戏表演者武技高超，为后来徽班武戏表演奠定了坚实的基础。

新安画派开创者渐江

明末清初之际，徽州出现了一大批著名的画家。他们善用笔墨，貌写家山，借景抒情。在画论上提倡画家的人品和气节因素，绘画风格趋于枯淡幽冷，具有鲜明的士人逸品格调，在十七世纪的中国画坛独放异彩，通常被称作“新安画派”。渐江是公认的新安画派领袖。

渐江（1610—1664），俗姓江，名韬，字六奇，自号渐江学人，安徽歙县江村人。渐江在明末曾中过秀才，当时在绘画上已颇有名气。清兵入关后，渐江参加过金声、江天一等人组织的抗清义军，失败后在武夷山出家为僧，法号弘仁，自称渐江僧，又号无智、梅花古衲。

渐江身处明朝被推翻、满汉矛盾激化的时代，反清失败，又不愿与清王朝合作。正是在这种背景下，渐江将其心中的惆怅与苦痛，寄予家乡山水之间，融于丹青之中。渐江崇尚倪云林笔法，笔画简峻瘦劲，气韵峭拔，风格冷峻。悲凉的身世，无望的民族情怀，造就了渐江作品中冷峻的审美情感。在程嘉燧、李永昌等的倡导下，渐江学习倪云林，其画构图简约，风格冷峻，正好表达了“家事全非肯作僧”的心境。渐江喜画黄山，他以云林笔法写黄山，“得黄山之质”，自成一家，在绘画史上与石涛、髡残、八大山人合称“清四僧”。

渐江三十岁画五人联作《冈陵图卷》时已露出明显的云林风格倾向，但他不仅仅重复云林一河两岸式的景观，更以其独特的视角，做到了学倪而不同于倪。就在这时，普门和尚开辟了登览黄山的道路，使普通人游览黄山成为可能，渐江因此经常饱览黄山。黄山裸露的岩石、奇特的松树加上流动的云海，其点、线、面构成了极具形式感的画面，成了渐江最好的表抒性情和心境的题材。渐江凭其对宋元名画广泛阅览与研究的功基，非常个性化地处理了画面中石、松、云的关系，使画面具有极简约处见丰腴的特征。黄山作为天下名山，其风格特征十分明显，加上渐江以云林之冷峻、清逸的画风画出，表达了清初一大批遗民画家逸世傲骨的心态，也符合时人尚倪黄、崇文人画的社会风气，因而其画一出便独树一帜，成为画坛典范。

康熙年间，周亮工在《读画录》中评价渐江之画："江南人以有无定雅俗，如昔之重云林然，咸谓得渐江足当云林。"渐江遍写家山的选题和画法，在徽州地区得到广泛的尊崇与模仿，凭借与金陵的龚贤、石涛，客居扬州的查士标，芜湖的萧云从、汤燕生，宣州的梅清以及活动在新安地区的戴本孝、程遂等人的交往，其画风得以名扬海内。这又进一步肯定了渐江的艺术追求，坚定了他的画法取向和信心。渐江一生都沉浸在清逸、冷峻、简约的山水之中。

渐江擅长诗书画，有"三绝"之誉。书法学颜真卿楷书、倪云林行书，还会隶书和篆书。诗多为五、七言绝句，常题画上，死后由友人辑成《画偈》。渐江向大自然学习，直师造化，从而继承和发展了绘画的传统技法，在山水画中独树一帜，形成了"笔如钢条，墨如烟海"的气概和"境界宽阔，笔墨凝重"的独特风格。他的绘画作品，既有元人超隽的意境，又有宋人精密的特点，远出时流之上。

渐江画作

近代大画家黄宾虹

黄宾虹（1865—1955），名质，字朴存，亦作朴丞，别署予向、虹庐，中年更号宾虹，以号行，室名宾虹草堂，歙县潭渡人。

黄宾虹的一生波澜壮阔，跌宕起伏。早年支持康、梁维新，拥护辛亥革命，学习古代文化，兼习绘画、金石。光绪三十三年（1907）始居于上海。曾与宣古愚合办宙合社，又创办艺观学会，参加海上题襟馆、烂漫社、中国画会、百川画会等艺术团体，主持神州国光社、商务印书馆美术部，从事编审和文物考证鉴定工作以及美术编著和美术史研究，还曾兼任上海美术专科学校、上海文艺学院、暨南大学艺术系、上海新华艺术专科学校的教授。1937年，应邀赴北平审定故宫书画，并任教于国立北平艺术专科学校。1948年，受聘为杭州艺术专科学校教授。1949年，受聘为中央美术学院华东分院教授。1953年，受聘为中央美术学院民族美术研究所所长。

黄宾虹

黄宾虹早年致力于学习李流芳、程邃、髡残、弘仁等人的绘画技巧，但也兼法元、明各家。所作重视章法上的虚实、繁简、疏密的统一，用笔如作篆籀，遒劲有力，在行笔谨严处，有纵横奇峭之趣。

新安画派疏淡清逸的画风，对黄宾虹的影响是终生的，六十岁以前是典型的“白宾虹”。六十岁以后，黄宾虹曾两次自上海至安徽贵池，游览乌渡湖、秋浦、齐山。江上风景甚佳，对他的画风转变影响很大。贵池之游使黄宾虹在画风上由新安画派的疏淡清逸，转而开始学习吴镇黑密厚重的积墨风格。以此为转机，黄宾虹开始由“白宾虹”逐渐向“黑宾虹”过渡。1928年，黄宾虹首游桂、粤，画了大量写生作品。自此以后，黄宾虹从古人粉本中跳脱出来，而以真山水为范本，参以过去多年“钩古画法”的经验，创作了大量的写生山水，其章法前无古人。

七十岁时，黄宾虹有巴蜀之游，这是他绘画上产生飞跃的契机。他最大的收获是从真山水中领悟了晚年画法转变之理。1933年的早春，黄宾虹去青城山途中遇雨，全身湿透，于是索性坐于雨中细赏山色变幻，从此大悟。第二天，他连续画了《青城烟雨册》十余幅，其画法为焦墨、泼墨、干皴加宿墨。在这些笔墨试验中，他要找到“雨淋墙头”的感觉。雨从墙头淋下来，任意纵横氤氲，有些地方特别湿而浓重，有些地方可能留下干处而发白，而顺墙流下的条条水道都是“屋漏痕”。

黄宾虹七十岁以后，所画作品，浑厚华滋，喜以积墨、泼墨、破墨、宿墨互用，使山川层层深厚，气势磅礴，惊世骇俗。所谓“黑、密、厚、重”的画风，正是他逐渐形成的显著特色。这一显著特色使中国山水画上升到一种至高境界。黄宾虹融前人山水画技法之精华，独辟蹊径，笔意于苍茫中见神韵，空濛中显华滋，与齐白石并称为“北齐南黄”。其画论精辟独到，影响深远。

何震与徽派篆刻

文人篆刻是文人学者将自己的审美意趣投诸印章方寸之间的一门造型艺术，其创作过程有篆文与刻印两道工序。文人篆刻作为完整的艺术体系，必须要有一定数量的创作队伍、一批作品和一定的创作理论来支撑。

徽派篆刻地位的确立是以何震为标志的。何震，字主臣、长卿，号雪渔，婺源人，长期寓居南京。何震是明代中叶有很高成就的篆刻家，他与当时的苏州篆刻大家文彭（文征明之子）交往密切，情同师友，两人都主张篆刻应以六书为准则。何震曾说："六书不精义入神，而能驱刀如笔，吾不信也。"文、何两人鉴于明初篆刻极为芜杂，力图变革篆刻流风，正赶上文彭发现灯光石。灯光石可以作印章材料，且质材晶莹，便于镌刻得势，自石章问世，篆刻开始盛行。

何震初期篆刻受文彭影响，当时搜集收藏秦汉玺印成为风尚，参考资料不断丰富，其取法也逐渐广泛。他遍游边塞，结交了不少将官，从大将军到士兵，都以得到一方他的印为荣。何震从边塞回南京后，名震东南，死后其一方印与金同价，足见他的影响力。何震篆刻深究古籀，精研六书，孜孜于书篆治印。他力主以六书为准则，摒弃当时金石界出现的庸俗怪异和杜撰擅改的陋习。当时书画篆刻家李流芳评价何震的篆刻作品："各体无所不备，而各有所本。复能标韵于刀笔之外，称卓然矣。"何震的篆刻成就，在于创新，能"法古而不泥古"，一变当时篆刻风貌，异军突起，称雄印坛，影响深远。何震所创单刀款识，错落雄健，自成风格。

何震的篆刻作品实现了书法与刀法的统一，纯朴清新，遒劲苍润，以流利、隽逸、典雅、古朴而闻名。所仿汉满白文，刀法猛辣挺拔，苍浑厚劲，疏密均匀。时人誉称其"近代名手，海内第一"。何震著有《续学古编》二卷。他去世后，留下篆刻作品五千余方，由其子精选千余方，摹刻成《雪渔印谱》四卷传世。

何震之后，清代徽派篆刻大兴，清初至道光间徽州涌现出一百多位印人，其中相当一部分是书画家兼篆刻家。如程邃、郑旼、戴本孝、黄吕、汪士慎等人，不仅在印坛名盛一时，在画坛更是誉隆天下。项怀述、巴慰祖、胡唐等人，不仅精篆刻，还是书法大家。诗、印两栖的大家则有汪炳、汪镐京、吴麟等。

《何雪渔印存》书影

徽派篆刻逐渐形成了系统的理论。何震撰写的《续学古编》，除了对印章史、篆法、章法有所探索外，还第一次在篆刻著作中对刀法以及刀法与笔法的关系进行了阐述，可谓前无古人。正是由于徽派篆刻的崛起，才真正确立了文人篆刻艺术的地位，实现了由实用印章向篆刻造型欣赏艺术的转变。

徽派版画

徽派版画伴随徽州刻书而产生，早期徽州雕版印刷中的“图经”一类著作，有“图”有“经”，应该属于最早的版画作品。唐代徽州有《新安图经》《新安图》《歙州图经》《黟县邑图》，宋代《黄山图经》曾四刻，元代和明代早期的《黄山图经》也有三四个版本。可惜的是，这些早期徽派版画作品都已亡佚。现在最早的《黄山图经》是明天顺六年（1462）曾全宁的辑刻本，图目作三十六峰,我们可以从中得见唐宋徽州版画的影子。

明万历至崇祯年间（1573—1644）是中国版画史上具有划时代意义的时期，绘图、镌刻、印刷均有重大突破，版画艺术也上升到一个新的境界。郑振铎称这一时期为中国版画“光芒万丈”的时代。而这一“光芒万丈”的时代就是以徽派版画的崛起为标志的。明代中叶以后，随着徽州社会经济的繁荣，图书出版物有了空前广阔的市场。附有插图的书籍大量涌现，从经、史、子、集到一般的儿童读物，都刊刻有插图。甚至一些与内容毫不相干的精美图画，也作为书籍的封面出现。一些小说、戏曲、历史、地理等类型的书籍，更是附有大量的精美插图。万历时期，北京、建安、金陵版画基本上承宋元遗风，采取上图下文的形式，线条粗壮，构图简略。徽州木刻画则一扫粗壮雄健之风，具有工整、秀丽、缜密而妩媚的格调，其插图形式也趋于多样化。伴随徽派版画的兴起，徽籍刻工更是数不胜数，其中最著名的是歙县虬村黄氏刻工。

虬村黄氏刻工世代相传，雕刻技艺精湛绝伦，“时人有刻，其刻工往往求之新安黄氏”。明天顺四年（1460），黄文敬、黄文善、黄文斌等刻《新安文粹》十五卷、《附录》一卷，为已知现存最早著录黄氏刻工姓名的图籍。此后，黄氏刻工镌刻的主要图书有：黄文敬、黄文汉刻《雪峰胡先生集》，黄应泰刻《帝鉴图说》，黄鳞刻《养正图解》（丁云鹏绘图），黄应宠刻《图绘宗彝》（蔡冲寰绘图），黄应瑞刻《状元图考》（黄应澄绘图），黄应组刻《人镜阳秋》《坐隐棋铺》（汪耕绘图），黄伯符刻《婆罗髓墨图》，黄应先刻《元曲选》《琵琶记》，黄一楷、黄一彬刻《北西厢》（汪耕绘图），黄一彬刻《青楼琐语》（张梦征绘图），黄一凤刻《顾曲斋元人杂剧》，黄建中刻《博古页子》《水浒页子》《九歌图》（陈老莲绘图），等等。虬村黄氏刻工雕刻技艺的突出成就体现在木刻画上。他们创造出一种工整、秀丽、缜密而妩媚的格调，线条秀劲流畅，形象逼真活泼，版面清雅简洁，刀法精细入微，具有文人的儒雅气息，是典型的徽派版画风格。

歙县虬村黄氏刻工曾以一姓之技闻名大江南北，在中国刻书史和中国版画史上都留下了光辉业绩，明代时就享有“雕龙手”之誉。

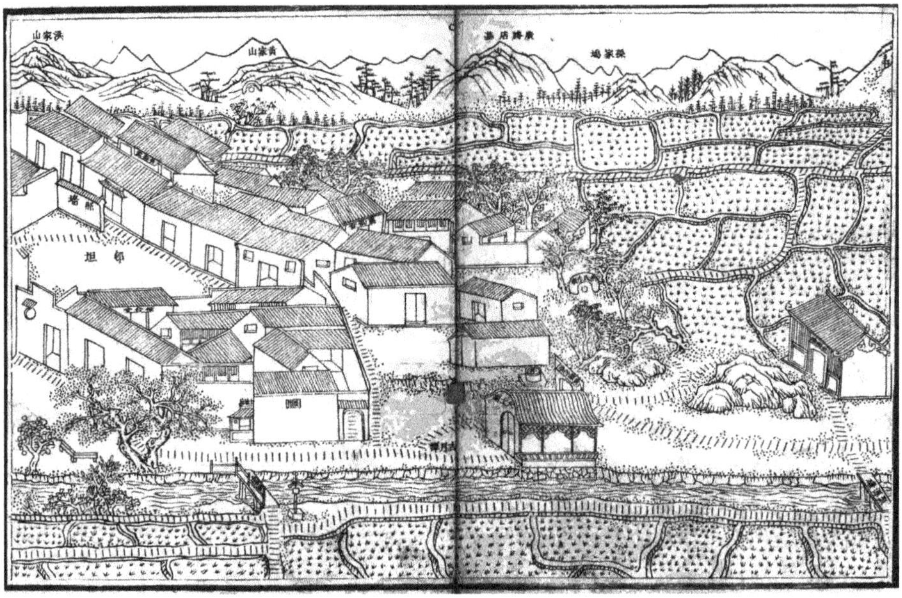

清道光《虬村黄氏家谱》中的村居图

刻书家胡正言

胡正言（1584—1674），字曰从，休宁文昌坊人。

胡正言出生在一个世代业医的家族，早年曾经跟随父亲在六安一带行医。万历四十一年（1613），胡正言定居南京鸡笼山下，其住房边有十余竿翠竹，所以称之为十竹斋，自号十竹主人，并在寓所开设“十竹斋”古玩铺，兼营刻书业。

胡正言天性颖异，精通六书，著有《六书正伪》，擅长金石篆刻，有《十竹斋印存》行世。胡正言十竹斋所刻图书见于著录和有传本的三十余种，经、史、子、集俱备，尤以艺术类图书最著，主要有《精选古今诗余醉》《石谱》等，尤以两部水印彩色套版画画集——《十竹斋书画谱》和《十竹斋笺谱》而闻名于世。

《十竹斋书画谱》分为书画谱、墨华谱、果谱、翎毛谱、兰谱、竹谱、梅谱、石谱八种。每种四十幅，一文一图，交相辉映。这些图文有的是胡正言自己书写的，有的是其好友吴彬、魏克、文震享、吴士冠、朱万钟等名家书写的，有的则是临摹赵孟頫、文征明、陈道复、沈周等著名书画家的作品。《十竹斋书画谱》全部采用饾版法印成。所谓饾版，是指将彩色画稿按不同颜色分别勾摹下来，每种颜色刻成一块小木板，然后依次逐色套印或迭印，最后形成完整的彩色画面。印一幅画，多的能用上千块版，少的也要十几块。因为一块块镌雕的小木板形似饾饤，故称饾版。用这种方法印出的画面，其色彩的浓淡深浅、阴阳向背，都可以随心所欲地表现出来，几乎与原作无异，艺术效果令人叹为观止。在中国版画史上，明代彩色套印版画所遗作品最多，成就也最高，自宋、元以来，人们长期探索的木刻彩印技术，至此产生了质的飞跃。饾饤版的出现，使中国的版刻和印刷能随心所欲地调节色调，不仅仅是彩绘，就是单色绘画，也达到了与画家手绘同等的效果。可以说，这是中国雕版木刻印刷术的一场革命，在国内外产生了巨大的影响。胡正言并非这一技术的发明者，但他将这种技术发挥到了淋漓尽致的地步。直到今天，木版水印过程中的具体分工，大体上还是沿袭胡氏模式的。

《十竹斋笺谱》共四卷，二百八十九幅作品，或写商鼎周彝、古陶汉玉，或写山水人物，各尽其妙。如其中的“姜肱兄弟共被”和“孔融让梨”等，把握住了故事情节的关键，表达出了故事的精神实质，画幅虽小，但结构严谨，笔法简洁，画面匀称工整。特别值得注意的是，胡正言把“饾版”彩色套印与“拱花”的方法结合起来印制这部巨著，这在当时是划时代的突破。《十竹斋笺谱》每一块套版都与第一块版精密吻合，版面鲜艳夺目，达到足以乱真的程度，把彩色套印木刻画艺术水平推向了新的高峰。

《十竹斋书画谱》书影

徽州“三雕”

徽州“三雕”是古徽州地区富有区域特色的木雕、石雕、砖雕三种传统雕刻工艺。徽州历史上多能工巧匠，积累了丰富经验，建筑所用的木、竹、石、砖、瓦等材料都可以进行艺术加工，每一个建筑构件上都可以施以雕刻，融装饰艺术与建筑结构为一体，绮丽多姿，精美绝伦。

徽州“三雕”，顺应民居、祠堂、牌坊等建筑的需要而产生和发展，又与新安画派、徽派版画、篆刻、砚雕乃至徽派盆景等艺术相互借鉴、切磋，其艺术水平得到了大大提高。不过，徽州“三雕”在表现形式上与绘画不同，是以刀代笔。工匠对取材用料、造型构图、刀法技巧和视觉效果等，必须全盘考虑，进行整体构思。一般先要确定雕刻对象的位置、比例、主次关系，再根据图案的对称、呼应、疏密、虚实、明暗、刚柔，以及立体感、节奏感等要求，分别采用平雕、浅浮雕、高浮雕、透雕、圆雕、镂空雕和线刻来造型。无论是木雕、砖雕还是石雕，都由模式化的两道工序完成：第一道为“打坯”，即构思图样，在料面上凿出画面的轮廓，明确各部位的层次，区分近、中、远三景；第二道为“出细”，将坯精雕细刻，运用适当的雕法使人物和景象凸现出来。

徽州山区盛产木材，建筑物多使用木料，木雕艺人的聪明才智也就有了用武之地。徽州木雕主要用于旧时建筑物和家庭用具上的装饰，遍及城乡，其分布之广在全国屈指可数。宅院内的屏风、窗楹、栏柱，日常使用的床、桌、椅、案和文房用具上，均可一睹木雕的风采。徽州木雕的题材广泛，有人物、山水、花卉、禽兽、虫鱼、云头、回纹、八宝博古、文字锡联以及各种吉祥图案等等。徽州木雕根据建筑物体的部件需要与可能，采用圆雕、浮雕、透雕等表现手法，装饰图案丰富多彩，民俗风情浓郁，充分体现出徽州工匠的创造性以及徽雕的独特风格。

徽州砖雕的雕刻手法有平雕、浮雕和立体雕刻三种，题材包括翎毛花卉、龙虎狮象、林园山水、戏剧人物等，具有浓郁的民间色彩。明代砖雕的风格粗犷而朴素，到了清代初年，由于富商们对豪华生活的追求，砖雕逐渐趋于细腻繁复，注重情节和构图，透雕层次加深。徽州砖雕的用料与制作极为考究，一般采用经过特殊技艺烧制、掷地有声、色泽纯净的青砖为材料。徽州工匠在见方尺余、厚不及寸的砖坯上，雕出情节复杂、多层镂空的画面，从近景到远景，前后透视，层次分明，最多达九层，精妙无比。

精美的徽州砖雕门楼

徽州石雕，浑厚潇洒，凝重沉雄，多用于祠堂宅第的台基、勾栏、柱础、漏窗，牌坊的梁枋、柱头、花板，以及石鼓、石狮和龙凤、仙鹤、麒麟等珍禽异兽的形体造型上。徽州石材遍布四境，黟县有“黟青石”，歙县产“凤凰石”，休宁有“白麻砾石”，新安江附近的浙江淳安产“茶园石”。依据就地取材、因材施艺的原则，石雕技法主要采用浮雕、透雕、半圆雕等。

徽州“三雕”历史悠久，技艺精湛，世代相传，有完整的工艺流程，在国内外享有很高的声誉。2006年，徽州“三雕”被列入《第一批国家级非物质文化遗产名录》。

歙砚的由来

歙砚，主要是指产于婺源龙尾山之石所制之砚。龙尾山地处婺源县东溪头乡砚山村，因婺源长期以来为徽州管辖，而徽州又是在宋宣和三年(1121)改歙州，故称为歙砚。

歙砚自唐代开始驰名，至今已有一千多年的历史。据宋人洪景伯《歙砚谱》记载，唐开元年间，猎户叶氏逐兽至婺源长城里，见到山溪里叠石如城，莹洁可爱，携归成砚，由此歙砚始闻天下。唐咸通年间，文学家李山甫有赞歙砚诗：

追琢他山石，方圆一勺深。
抱真唯守墨，求用每虚心。
波浪因纹起，尘埃为废侵。
凭君更研究，何啻直千金。

早期歙砚注重实用性，主要以发墨润笔为标准，当时以云雾金星、牛毛纹和罗纹砚等为上品，而较少人工的精工雕刻。由于歙砚石包青莹，纹理缜密，坚润如玉，磨墨无声，深得南唐元宗李景的喜爱。元宗在歙州设置了砚务，并把砚工高手李少微招为砚务官，专理制砚事宜。南唐后主李煜把澄心堂纸、李廷珪墨、歙砚称为天下之冠，使歙砚声名益振。到了宋代，歙砚进入大发展时期，此时的歙砚雕饰线条光洁明快，整体大方浑厚，所刻人物多为单线阴刻，也有线刻和半浮雕相结合的，同时出现了突出石上星眼纹色，并对其加以巧作的技艺。景祐年间(1034—1037)，歙州太守钱先芝调查到河水已经淹没了南唐歙砚砚坑，遂命县令曹平主持修改河道工程。河流改道后，老坑坑口重新露出水面，歙石才得以大规模复采。

元至元年(1277)，时任县令汪月山为了迎合达官贵人，发动大量人力去挖掘歙石，结果石尽山崩，压死数人。接着又前往紧足坑挖掘，很快亏空，至元五年

(1281)，此坑亦宣告塌陷。此后便长期停采，砚工们只好拾残圭断壁来制砚，可远远供不应求。于是出现了以他山顽黝之石冒充佳石之乱象，使歙砚声誉大减，此后的明代和清代康熙、雍正年间，歙砚无开采记录。直到清乾隆四十二年(1777)，才又重新开采，停采达五百年之久。出现如此局面的原因，主要是自元末兵乱后琢者日拙，导致采制业遭受重创。

明清两代是歙砚成为一种工艺品的重要历史阶段，生产技术的日益提高为歙砚更具观赏性提供了技术保障，砚台已由朴素的实用品演变为精美的艺术品，进而成为文人雅士的收藏品。明清时期的歙砚和其他工艺品制作受徽州三雕影响，达到了空前的繁荣。从制砚工艺上看，无论是造型还是构图，都达到了沉稳精炼的程度，具有端庄敦厚的艺术特征。

新中国成立以后，歙县、婺源县有关部门派出专人赴龙尾山对古砚坑进行调查和勘察。从1963年起，恢复了传统的制作工艺，同时采用现代科学方法探索歙砚石的发墨机理、歙砚石天然纹饰的成因及砚石的评价标准等，使砚石资源得到进一步的开发和利用。

龙尾山下砚山村

徽州历代名人

秀丽的徽州山水，独特的徽州文化，孕育出了灿若繁星般的精英才隽。南宋著名学者罗愿称徽州："其人自昔特多以材力保捍乡土为称，其后寖有文士。黄巢之乱，中原衣冠避地保于此，后或去或留，俗益向文雅，宋兴则名臣辈出。"宋代以后，徽州籍文化名人辈出，除前文已涉及的若干历史人物之外，本篇将对有重要影响的徽州历代名人做简要介绍。

忠壮公程灵洗

程灵洗（514—568），南北朝时期新安郡海宁县（今休宁县）人，是杰出的战将、陈朝开国元勋，在徽州历史上具有非常重要的地位。

程灵洗

程灵洗出生在当时海宁县的篁墩村（今屯溪区篁墩村），年少时以勇猛有力闻名，善于骑马射箭，青年时在地方上就很有威望。唐代《歙州图经》记载了程灵洗年轻时的一段故事：

篁墩村附近有篁墩湖，湖中有蜃（湖神），受到附近的吕湖蜃欺压。有一天晚上，篁墩湖蜃化为一个道人，托梦给程灵洗，说："我经常受吕湖蜃的欺侮，明天你如果能帮我，必有厚报。"程灵洗问："我怎样才能认出你呢？"道人说："身上白的就是我。"程灵洗醒来后，感觉奇异，第二天就和村中少年一起敲锣打鼓地来到湖边。不一会儿，湖面上波涛汹涌，声若雷霆，很快就有一黑一白两蜃恶斗，黑蜃占上风。程灵洗想起梦中情景，弯弓一箭射去，正中黑蜃的要害。黑蜃血流不止，将整个湖面都染红了，带着重伤逃离，还没到吕湖就死了，吕湖也就逐渐淤塞了。一年多以后，有一个道人前来指点程灵洗的母亲，用白石标出一块山地，说："葬在此处，子孙将来必定发达。"程家后来把祖先坟茔都葬在了道人指点的地方，于是子孙就日益兴旺了。

这个故事俨如神话，徽州程氏的兴旺依靠的是程灵洗的赫赫战功。梁朝末年，梁武帝昏庸腐朽，招降北朝大将侯景，不料侯景趁机攻入江南。太清三年（549），侯景逼死梁武帝，自立为帝，掀起了一场大乱。大宝元年（550），程灵洗在新安起兵，打败了前来进犯的侯景部将，保护了境内安全。侯景失败以后，江南持续混战，程灵洗最终归顺了陈霸先（即陈高祖），成为陈朝的开国元勋。程灵洗能征善战，先后平定了徐嗣徽、周迪、华皎等多股割据叛乱势力。华皎造反时，曾派使者招诱程灵洗，程灵洗杀了华皎的来使，将情况详细报告了朝廷，因而深受朝廷的信任。光大二年（568），程灵洗病死，葬在篁墩，朝廷追赠他为镇西将军、开府仪同三司，谥号“忠壮”，配享陈高祖庙庭。

程灵洗战功卓著，唐代姚思廉修的《陈书》、李延寿修的《南史》都有他的传记，徽州古代人物在二十四史中有传记的，他是第一个。据这些史书记载，程灵洗性情急躁，对部下相当严厉，违反军纪者必遭严惩，但他号令分明，与士卒同甘共苦，大家因此乐于服从他。程灵洗爱好农事，经常亲自参加耕种，手艺出众，连老农都比不过他。程灵洗家中没有闲人，即使是歌女小妾也都要纺纱织布，至于平时赏赐部下，他则毫不吝啬，因此能得众人之心。

程灵洗的儿子程文季，也是陈朝的著名战将之一。程灵洗共有二十二个儿子、九十三个孙子，其后裔兴旺发达，程氏成为徽州著名的世家大族之一。

越国公汪华

汪华(586—649),歙州歙县登源里(今绩溪县登源村)人,隋末起兵群雄之一、唐朝开国功臣,功勋卓著,被誉为“徽州第一伟人”。

汪　华

汪华祖上世代在陈朝做官,但到了汪华这一代,因隋灭陈,加上父亲去世早,家道中落。汪华九岁起与母亲一道依靠舅舅生活,帮忙放牛,所以深知民间疾苦。成年之后,汪华相貌英武,古书上说他“身长九尺,广颡方颐,庞眉隆准,美髭髯”,还有一身好武艺,本领高强。

汪华年轻时,正是隋炀帝统治时期。隋炀帝是中国历史上著名的暴君之一,荒淫残暴,横征暴敛,以致民不聊生,盗贼遍地。当时歙州婺源县有很多盗贼,官府招募士兵平叛,汪华应召入伍,因为作战勇敢,屡立战功,在军队中很有威望。大业九年(613),杜伏威发动起义,南方大乱。当时的歙州郡守张某想响应杜伏威,但对汪华非常忌惮,于是派汪华到箬岭开凿道路,准备趁机铲除他。汪华完成任务后复命,张某不但不予赏赐,还相当无礼。汪华非常气愤,率人冲入衙署质问,张某落荒而逃。歙州将士都说:“张某是贪官,赶跑他很对。现在境内无主,人民不安,能够镇守一方的,非你不可!”汪华在将士的拥戴下,接管了整个歙州。此后,汪华多次打败企图前来进犯的周边势力,先后占有歙、宣、杭、睦、婺、饶等六州,军队发展到十余万人,在休宁县万岁山(即古城岩)建立幕府,被部下推举为“吴王”,威震一方。汪华管治六州十余年,境内政治清明,人民安居乐业。

武德元年(618),李渊在长安称帝,建立唐朝,派李世民出兵平定关东。汪华得知唐朝兴盛、李世民多谋善战之后,说:“太阳和月亮都已经出来了,还用得着火把吗?”武德四年(621)九月,汪华派族弟汪铁佛到长安,向唐朝上表归顺。李渊大喜,下诏褒奖汪华,封为越国公、歙州刺史,总管六州。贞观二年(628),汪华进京,李世民封他为左卫白渠府统军,贞观十七年(643),改封其为忠武将军、右卫积福府折冲都尉。李世民对汪华非常信任,在出征伐辽东时,曾经封汪华为九宫留守。贞观二十三年(649)三月三日,汪华在长安病逝,享年六十四岁。永徽二年(651),汪华灵柩回到家乡,葬在歙县云岚山。

汪华在天下混战、刀兵四起的年代,建立政权,保障了一方平安。在唐朝兵锋尚未到达江南之际,汪华能够认清形势,主动归顺,不仅加快了中国统一的步伐,而且使境内免除了一场可能到来的兵灾,可谓功莫大焉!汪华有九个儿子,后裔繁衍极广,成为徽州第一大姓,有“十姓九汪”之说。汪氏族人的追奠以及徽州民众的敬仰,使汪华在徽州广受崇拜。汪华去世后不久,民众就在云岚山建立起了汪王庙,供人祭拜。宋、元、明、清四朝,共有九位皇帝先后下诏加封汪华。

理学宗师朱熹

朱熹（1130—1200），字元晦、仲晦，号晦庵，别号紫阳，祖籍徽州婺源。朱熹的父亲朱松担任过福建建州政和县尉，由于遭受战乱，无法返回家乡，死后安葬在政和，后人从此定居福建。

朱　熹

朱熹自幼聪敏好学，十八岁时中进士，仕途却很坎坷。由于生逢乱世，权奸当道，加上品性耿直而得罪权臣，朱熹始终无法实现他的政治抱负，晚年还因得罪权奸被列为“伪学奸党”，可谓生平不幸。但是他作为孔孟之后最有影响力的儒家学者，在中国历史上有着极为重要的地位，也是故乡徽州的骄傲。

朱熹继承二程（程颢、程颐）的思想，兼采各家，形成了一个庞大的哲学体系，其核心是“理”，或称“道”“太极”。他进一步发展了格物致知论，用《大学》中“致知在格物”的命题，探讨认识领域中的理论问题。在人性论上，朱熹发挥了张载和程颐的天地之性与气质之性的观点，从心性说出发，探讨了天理、人欲问题。朱熹认为人心有私欲，所以危殆；道心是天理，所以精微。因此他提出了“遏人欲而存天理”的主张，但同时承认人们正当的物质生活欲望，既反对佛教笼统地倡导无欲，又反对超过延续生存条件的物质欲望。

朱熹对先秦的儒家著作《论语》《孟子》《大学》《中庸》重新进行了注释，称之为“四书”，编纂成《四书章句集注》。此书在总结前人著述成果的基础上，集中阐发了理学的基本思想。朱熹知识极其渊博，无论是先秦时期的诸子哲学、汉唐时代的佛道思想，还是传统学术中的其他领域如史学、文学、天文、地理、文字音韵、训诂考据等，几乎无所不窥，而且造诣很深。与之相应，他著述极丰，在《宋史·艺文志》中著录的有四十余种，未被著录的有二十余种，其个人文集《晦庵集》有一百卷，记载其生平言论的《朱子语类》有一百四十卷。后人评价朱熹的学术“致广大，尽精微，综罗百代”，对其推崇备至。

朱熹是一位伟大的教育家，门下弟子遍布江南。淳熙六年至八年(1179—1181)，朱熹任职南康军期间，修复庐山白鹿洞书院，订立了《白鹿洞书院学规》，提出：首先，教育的根本任务是让学生明确“义理”，并把它见之于身心修养，以达到自觉遵守的最终目的；其次，要求学生按学、问、思、辨的“为学之序”去“穷理”“笃行”；最后，指明修身、处事、接物之要，作为实际生活与思想教育的准绳。《白鹿洞书院学规》影响极大，成为南宋之后中国各地书院和教育机构的基本章程，在中国教育史上写下了浓墨重彩的一笔。

由朱熹集大成的程朱理学，以浓厚的思辨哲理和深邃的心性之学，有效地弥补了汉唐儒学的缺陷，成为中国儒家文明的终极形态。元、明、清三代，理学成为官方哲学，朱熹的《四书章句集注》成为科举考试的教科书和标准答案，“四书”的地位甚至超过了传统的“五经”。程朱理学不但深刻影响了宋代之后的中国社会，还传播到海外，朝鲜、日本都曾将其奉为圭臬。朱熹出生在福建，一生主要活动也在福建，但他对故乡徽州怀有极深的感情，曾三次回婺源扫墓，著书立说常以“新安朱熹”署名。徽州人对朱熹也非常景仰，清代的《茗洲吴氏家典》中就主张：“新安为朱子桑梓之邦，则宜读朱子之书，取朱子之教，秉朱子之礼，以邹鲁之风自待。”由此可见，朱熹对徽州社会和徽州文化的影响是极为深远的。

罗愿与《新安志》

罗愿(1136—1184),字端良,号存斋,歙县呈坎(今属徽州区)人。

罗愿自幼聪明过人,七岁时曾作《青草赋》替父祝寿,得到宾客嘉奖。绍兴二十五年(1155),荫补承务郎,授临安府新城县税监。乾道二年(1166)中进士,乾道八年(1172)任赣州通判,为政清廉,受到宋孝宗的赏识,升任鄂州知州。罗愿在鄂州任内政绩卓著,后世因此又称他为“罗鄂州”。

罗愿学识宏博,为文精洁淳雅,朱熹曾经称赞罗愿的文章“有经有纬,骨实意丰”。罗愿的著述,除个人文集《鄂州小集》外,还撰有《尔雅翼》三十二卷。《尔雅翼》以《尔雅》为底本,记述了植物180种、动物230种,是一部博物学的著作,深得学者好评。宋代大学者王应麟称赞该书“即物精思,体用相涵,本末靡遗”。

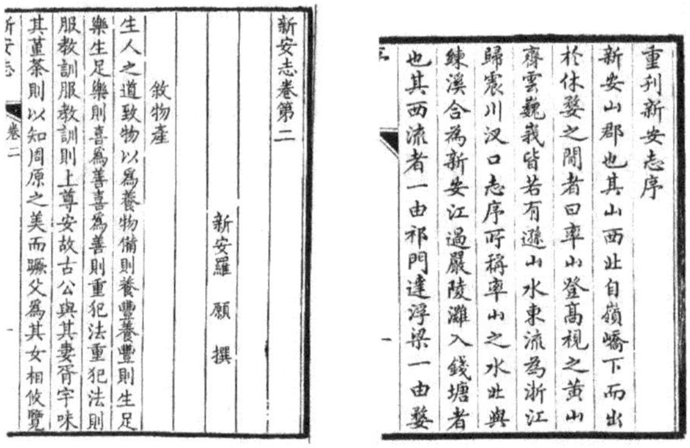
新安志卷第二
新安羅　願　撰
敘物產
生人之道致物以爲養物備則養豐養豐則生足
樂生足樂則喜爲善喜爲善則重犯法重犯法則
服教訓服教訓則上尊安故古公與其妻胥宇味
其堇荼則以知周原之美而蹶父爲其女相攸覽

重刊新安志序
新安山郡也其山西北自嶺嶠下而出
於休婺之閒者曰率山登高視之黃山
齊雲巍峩皆若有遜山水東流爲浙江
歸褰川汉口志序所稱率山之水北與
練溪合爲新安江過嚴陵瀨入錢塘者
也其西流者一由祁門達浮梁一由婺

《新安志》书影

罗愿在学术文化上的最大贡献,是他在淳熙二年(1175)撰成《新安志》十卷。《新安志》不但是整个安徽遗存至今的最古老的方志,而且在中国方志编纂史和徽州文化史上都有相当大的影响力。

《新安志》在体例上对此前历代正史地理志及其他地方志的体例进行了优化,全书可分为四个部分。第一部分以全州为范围,有州郡、物产、贡赋三纲,其下又分为沿革、分野等多目。第二部分以所辖县为纲,分为沿革、县境等目。第三部分为人物传记,记述了徽州的先达、进士题名、义民、仙释和牧守。第四部分为杂录,有人事、诗话、杂艺等目。以纲统目，层次分明，结构严谨。人物部分则因事制宜，采用平目叙事。全书皆横排门类，以门类统辖事物，改变了唐以前地记、地志、图经、图志未能准确分门别类之旧习。《新安志》内容丰富，是宋以前的志书所无法比拟的。

在《新安志》编纂过程中，罗愿反对志书只抄取统计数据，把方志变成简单的资料汇抄，他说："若直抄取计簿以为书，则凡吏之善书者足以次之矣。"他主张志书应为著述之书，编纂者必须学识渊博，用自己的观点对资料进行选择、考证并加以编撰，这种方志纂修思想对后世影响极大。

《新安志》内容丰富，体例科学，结构完整，既叙古又及今，详今略古，文词尔雅，简而有要，是一部典型地方志书和名志佳作，因而备受推崇。宋代歙县学者方回赞曰："今《新安志》行于世，与马、班等。"清代大学者王先谦称："观其叙述有体，征引赅备，多补前史志之阙，洵考古者不可少之书矣。"对于今天的徽州文化研究者来说，《新安志》是必读之书。

朱升与“高筑墙、广积粮、缓称王”

朱升(1299—1370),字允升,号枫林,休宁回溪人,明代开国功臣,朱元璋的重要谋士。

朱　升

朱升幼年师从新安学派著名学者陈栎,“严华夷之辨”,反对蒙古贵族入主中原,因而不乐仕进。直至五十岁时,朱升方接受池州路学正之职,但拖至五十二岁才赴任,不久就回乡,隐居于家乡石门山,躲避战乱,闭户著述。

至正十七年(1357)七月,朱元璋部下大将邓愈、胡大海打败了元朝的徽州守将,先后攻占了绩溪、歙县、休宁等地。朱元璋改徽州府为兴安府,设立雄峰翼元帅府,以邓愈为守将。九月,胡大海攻下婺源、黟县、祁门等地,完全占领了整个徽州。次年(1358)十二月,胡大海进攻婺州(今浙江金华)受阻,朱元璋遂亲率十万大军南下,经宣城到徽州。朱元璋一到徽州,就召集当地故老耆旧,访求贤才,朱升是其中最令人瞩目的一位。据《明史·朱升传》记载:

> 太祖下徽州,以邓愈荐,召问时务。对曰:“高筑墙,广积粮,缓称王。”太祖善之。吴元年授侍讲学士,知制诰,同修国史,以年老,特免朝谒。洪武元年进翰林学士,定宗庙时享斋戒之礼。寻命与诸儒修《女诫》,采古贤后妃事可法者编上之。大封功臣,制词多升撰,时称典核。

朱升会受到朱元璋重用,关键在于他所提出的“高筑墙,广积粮,缓称王”的战略。朱元璋起家于淮泗,原本是濠州红巾军郭子兴的部下,郭子兴死后逐渐崭露头角，但在当时参与混战的各路群雄中还是比较弱小的，直到攻占南京后势力才迅速发展起来。朱元璋占据南京后，其占领区的东北是占据苏南、浙西的张士诚，东南是占据温州、宁波一带的方国珍，西边是占据长江中游的陈友谅，南边则是占据福建和江西部分地区的陈友定。在这些割据势力中，陈友谅最强，张士诚最富，实力都强于朱元璋，方国珍、陈友定也是各霸一方的强豪。朱元璋处在强敌环伺的艰难中，迫切需要一个既符合实际又有长远眼光的战略规划。

朱升建议“高筑墙”，就是要建立一个强大的根据地，充分蓄积军事实力。“广积粮”就是要重视农业生产，当时到处战乱，农村壮丁大部分都从军去了，劳动力严重缺乏，加上战争蹂躏，粮食收成大减。朱元璋在朱升等人的建议下，派出专人为都水营田使，专门负责修筑河堤，兴建水利工程，恢复农业生产，供给军需，做到了军粮无缺。“缓称王”，就是在实力尚弱的时候不要急于称王称帝，以避免目标较大，引起元朝集中力量来进攻，从而陷于孤立。

总的来说，朱升的这个“九字真言”，就是先安定内部，发展生产，积蓄经济与军事实力，待时机成熟时再铲除其他割据势力，一统天下。这个建议完全适合朱元璋的处境，受到了高度重视。朱升提议的“高筑墙，广积粮，缓称王”对于朱元璋的意义，一如诸葛亮“隆中对”对于刘备的意义。

成功的战略规划当然会引起后世战略家的借鉴，1972年12月10日，中共中央在转发国务院关于粮食问题的报告的批语中写道：

> 毛主席最近又一次指出，当前国内外形势大好，各级领导同志要谦虚谨慎，不要因为胜利就忘乎所以。毛主席讲了《明史·朱升传》的历史故事。明朝建国以前，朱元璋召见一位叫朱升的知识分子，问他在当时形势下应当怎么办。朱升说：“高筑墙，广积粮，缓称王。”朱元璋采纳了他的意见，取得了胜利。根据我们现在所处的国内外大好形势和我们所坚守的社会主义制度和无产阶级立场，毛主席说：我们要“深挖洞，广积粮，不称霸”。毛主席的这一指示，使“备战、备荒、为人民”的伟大战略方针更加具体化了。

在这个指示中，毛泽东主席借用朱升的“九字真言”来说明当时中国的国内外形势，进而提出“深挖洞、广积粮、不称霸”的战略要求。由于具有全局性的重要意义，这个指示曾经在全国广为宣传，使得朱升的“九字真言”一度家喻户晓。

一代奇人赵吉士

赵吉士(1628—1706),字天羽,又字恒夫,号寄园,休宁旧市人。

赵吉士在清顺治八年(1651)中浙江举人,但此后几次会试未第,遂于康熙八年(1669)参加吏部谒选,补为山西交城县县令。交城地处雁北山区,地势险要,向为流民啸聚之地。明末农民大起义时期,当地发生过饥民起义。顺治六年(1649),大同镇将姜瓖发动反清兵变,战败被杀,有些残部逃往交城山中。在交城山区,流民、饥民、变兵和地方土匪混杂,清王朝一律视之为"盗",几次用兵皆未能制服,成为心腹之患。赵吉士到任后,积极着手平定交山。他剿抚并施,多次深入交山腹地,终于在康熙十年(1671)十月一举铲除了这股敌对势力。赵吉士在交城县五年,任内兴修水利,凿山通龙门渠,灌溉农田十万四千顷,恢复南堡村木厂,在一定程度上改善了交城百姓的生活。他还编修县志,扩建书院,增修粮仓,平反冤狱,政绩卓著,可谓治世之能臣。

康熙十一年(1672),赵吉士因功调入京城,先后任户部山西主事、扬州榷关、户科给事中,均有政绩。康熙二十七年(1688),朝廷在治理黄河问题上发生分歧,赵吉士参与勘查黄河堤防,支持漕运总督靳辅的正确主张。然而当时朝内反对靳辅一派占了上风,赵吉士受到牵连被罢官,其后虽得补国子监学正一类的闲职,但已绝意仕进,闲居于京师和家乡十八年,康熙四十五年(1706)在旧市老家去世。

赵吉士

赵吉士学识渊博,阅历丰富,笔耕不辍,其著述今日存世的尚有《寄园寄所寄》《寄园丛钞》《林卧遥集》《万青阁集》《牧爱堂编艺文》《永言》《继表忠记》等十余种。赵吉士在交城县令任上曾主持编纂了《交城县志》，退居田园后，主持编纂了康熙《徽州府志》。这些著述，内容各有侧重，对于关心徽州历史文化的学者来说，康熙《徽州府志》与《寄园寄所寄》是必读典籍。

康熙《徽州府志》是赵吉士应其门生徽州知府丁廷楗聘请而编纂的。该志吸收了前志的一些优点，结构上更为紧凑，体例完备，内容翔实。每目之前都有凡例，揭示编纂方法，每目之后附以按语，颇得要领，为志书中佳作。该志共十八卷，其中人物志六卷，篇幅占全书的三分之一，对徽州商人、徽州学术、新安医学和新安版刻等方面的研究，具有很高的资料价值。

《寄园寄所寄》是赵吉士于康熙三十五年(1696)完成的一部笔记，寄园是赵吉士在京城中的住所名。该书共十二卷，采掇丰富而雅俗并陈，书中摘录了大量关于徽州文人雅士、风俗人情的资料，并记录了赵吉士本人的亲身见闻，内容丰富，恰与康熙《徽州府志》相互表里，成为徽州学研究的重要参考文献，堪称徽州典故的渊薮。赵吉士在书中多处描述了明清徽州的风俗习惯，使今人对徽州宗族制度、经商行贾、戏曲娱乐、风水文化有了更多的了解。

朴学大师江永

江永(1681—1762),字慎修,号昚斋,婺源江湾人。

江 永

江永一生科场不利,二十一岁为县学生,四十岁补廪膳生,六十二岁为岁贡生。一生鄙薄功名,不羡仕途,蛰居乡里,从事著述,授徒讲学达六十年。江永是徽派朴学的奠基人之一,也是雍乾时期杰出的朴学家。他既博通汉学,又兼重宋明理学,既重考据,又善推理。在音韵学方面,他是清代音韵学审音派的开创者,成就卓著。

江永的朴学思想主要应用于礼学、音韵学、天算历法三个方面,既讲求义理,不出朱子之学的规矩,又不专讲义理,并举训诂、考据,是徽派朴学"无信不征"治学理念的集中体现。如在《周礼疑义举要》中,对先秦各种典章制度和物产进行考释,而对《周礼•考工记》的研究尤其独到。《考工记》原是春秋时齐国人记录手工业技术的官书,汉河间献王刘德因《周礼》缺《冬官》篇,以此书补入。《考工记》流传久远,讹伪甚众,江永对此作了必要的整理与阐述。江永晚年研究古韵,"以《诗》为主,经传骚子为证,《诗》未用而古今韵异者采他书附益之"。江永认为"标准既定,由是可考古人韵语,别其同异,又可考屈宋辞赋,汉魏六朝唐宋诸家有韵之文,申其流变,断其是非。"江永研究音韵学同时兼及审音,并从文字谐声通转关系上,隐约窥探出阴阳入对转的规律,因此提出"数韵共一入"的主张。

江永平生所著二十多种，除《礼书纲目》撰于四十一岁外，其余多种重要著作都撰于六十至八十二岁这一晚年岁月中。其主要著作经高足戴震力荐，大多收入《四库全书》之中。据《四库全书总目》校核，所收江永著述十六种一百五十多卷，包括《周礼疑义举要》《仪礼释宫增注》《礼记训义择言》《深衣考误》《礼书纲目》《仪礼释例》《春秋地理考实》《群经补义》《乡党图考》《律吕新论》《律吕阐微》《古韵标准》《四声切韵表》《考订朱子世家》《近思录集注》和《算学》。

乾隆十七年(1752)，江永应歙县西溪不疏园主人汪泰安的礼聘，讲学于不疏园中。这一年江永七十二岁，而戴震、程瑶田、金榜、汪凤梧等人都在二三十岁，问学有良师，质疑有挚友，更有不疏园的丰富藏书可查阅，所得教益极大。在学术研究方面，江永除考礼穷经之外，以自身的研究实践，拓宽了一条在历算、律吕、音韵、考工、地理等方面的新路，之后得到他的弟子戴震、程瑶田、金榜、汪凤梧、郑牧、方矩等人的发扬光大，成为徽派朴学诸家遵循的矩镬。

江永身处新安理学向皖派经学的过渡时期，因此他精通汉学，兼采宋代理学，涉猎广博，为新安理学先儒所未有，又为后来徽州朴学家所注目。他一生治学，有注重考据、训诂、不务空谈的特点，开创了徽派朴学的一代新风，在学术史上评价甚高。

学术大师戴震

戴震(1724—1777),字东原,休宁隆阜(今属屯溪区)人。

戴震

戴震出生于清贫的商贩家庭,二十九岁时才考上秀才,三十九岁中举人,至五十一岁,经纪晓岚推荐,被朝廷召为四库全书馆的纂修官,曾奉命与当年贡士一起参加殿试,结果获赐同进士出身,被授翰林院庶吉士。

戴震自幼聪敏好问,幼年时学习《大学章句》,读到“右经一章盖孔子之言而曾子述之,其传十章则曾子之意而门人记之”两句,他便问先生何以知道如此,先生说是朱子讲的;他问朱子是哪朝的人,答曰宋朝人;又问孔子、曾子是哪朝人,答曰周朝人;他进而问周朝与宋朝相去多少年,先生说将近两千年。于是戴震质疑说:“既然如此,朱子又何以知道情况就是这样呢?”先生竟被问倒了,不由赞叹道:“此非常儿也!”

戴震学识渊博,著述丰富,造诣高深,堪称“有清一代学者第一人”(梁启超语),是个百科全书式的大学者。在数学方面,他撰有《策算》《勾股割圜记》《准望简法》《方圆比例数表》等专著,还校勘了《九章算术》《五经算术》等古典算书,为中国古代数学的传承做出了杰出的贡献。在天文学方面,他著有《原象》《续天文略》《迎日推策记》《古今岁实考》《九道八行说》《记夏小正星象》,在天文研究上用力甚勤。尤其可贵的是,戴震能够积极参照并借鉴西洋新法,体现出近代科学的求是精神。在史地学方面,他对古代乐器、服装以及典章制度做过大量研究;他主修《汾州府志》《汾阳县志》等,当时人称“修志楷模”;他曾撰著《水地记》,主修《直隶河渠书》,并且倾注大量心血校勘《水经注》,影响极大。在机械考工方面,他著有

《自转车记》《赢旋车记》《明堂考》等文，他的《考工记图》是对古代科技名著《考工记》的最杰出研究，其中研究成果被当代的考古发现所证实。

通观戴震学术与思想，其中造诣最深、影响最大者，一是朴学，二是哲学。在朴学上，戴震精通音韵、文字、训诂、考据，成就卓著，是皖派创始人，是乾嘉学派的领袖人物，是名冠一代的考据大师。在哲学上，戴震以革新为目标，利用传统的疏证形式，假借阐释孟子学说，发表自己的哲学思想，尖锐地批判了程朱理学中的弊病，有力地抨击了专制统治，在中国古代思想史上闪耀着不可磨灭的光芒。在伦理观方面，戴震肯定“理存乎欲”，明确否定程朱理学主张的“理欲对立”的观点。他坚决批判“存天理，灭人欲”的思想理论，沉痛指斥“饿死事小，失节事大”的极端主张，明确提出“体民之情，遂民之欲”的社会理想。

戴震对故乡的屯溪老街有过特殊贡献。古时华山珠塘水面高出老街街面甚多，街面常遭珠塘水患，后由戴震设计建设珠塘坝，使水患得以治理。1988年，文人雅士们将华山公园改名为戴震公园，入口处塑有戴震像，以资纪念。

鲍廷博与《知不足斋丛书》

鲍廷博(1728—1814),字以文,号渌饮,祖籍歙县长塘,随父寓居杭州,后定居于桐乡青镇。

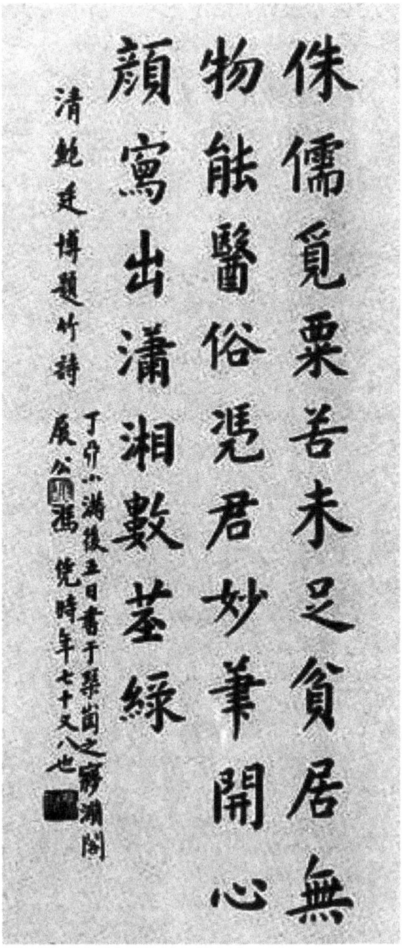

鲍廷博书法作品

鲍廷博二十三岁中秀才,此后多次参加科举考试,均不第,遂闭门读书。鲍家世代经商,又热心文化事业,其家筑有知不足斋藏书楼。鲍廷博在祖上藏书的基础上,访书不懈,喜购秘籍,并广录先人后哲所遗手稿,因此家中所藏珍籍秘本甚多,成为当时的藏书大家。鲍廷博博览群书,对古籍真伪、版本优劣及收藏钞刊之经历知之尤详。翁广平称鲍廷博"生平酷嗜书籍,每一过目,即能记其某卷某页某讹字,有持书来问者,不待翻阅,见其板口,即曰此某氏板,某卷刊讹若干字,案之历历不爽"。洪亮吉曾把鲍廷博和黄丕烈并列为"鉴赏家"。

乾隆三十八年(1773),朝廷开四库全书馆,诏求天下遗书。鲍廷博长子鲍士恭以所藏精本626种进献,多为宋元以来之孤本、善本,居私家进书之首,获得朝廷褒奖,赏赐了内府编纂的《平定回部得胜图》《平定两金川战图》及《古今图书集成》。乾隆皇帝还在鲍家所献《唐阙史》和《宋仁宗武经总要》二书上题诗,诗曰:"知不足斋奚不足,渴于书籍是贤乎。长编大部都庋阁，小说卮言亦入厨。”知不足斋之名从此闻名天下。

鲍廷博深受鼓舞，遂立志刊刻《知不足斋丛书》，将家藏善本古书公诸海内，前后共三十集，二百零七种，七百八十一卷，其中后四集为其子鲍士恭、孙鲍正言续成。鲍廷博刻书，博采众长，广搜遗编，凡经史考订、算书、金石、地理、书画、诗文集、书目等皆择优收入，其中不少是海内孤本。鲍家刻书态度严谨，校勘精细，每得一书，必广借善本，参互考订，不妄改一字，极受时人称道。卢文弨《征刻古今名人著作疏》评论鲍廷博刻书说：“吾友鲍君以文者，生而笃好书籍，于人世一切宝贵利达……之外，复不私以为枕秘，而欲公之。”《知不足斋丛书》每成一册，即进献朝廷。鲍家还刻有《销夏记》《名医类案》《聊斋志异》等行世。清乾隆三十一年(1766)所刻刊之青柯亭本《聊斋志异》，是该书现存的最早刻本。

嘉庆十八年(1813)，浙江巡抚方受畴向鲍廷博传达仁宗皇帝旨意，询问《知不足斋丛书》刊刻情况。鲍廷博将二十六集呈方受畴，方受畴具疏呈仁宗皇帝，仁宗皇帝称赞廷博好古博学，老而不倦，加恩赏给举人，当时鲍廷博已八十六岁高龄了。鲍廷博藏书特别值得称赞之处是他的“以散为聚”的收藏思想。所谓“以散为聚”，就是以刻书的方式使书存之于世，这种传播古典、弘扬文化的高尚品质，值得后人学习。

货币学家王茂荫

王茂荫(1798—1865),字椿年,号子怀,歙县杞梓里人。

王茂荫出身于徽商世家,祖父与父亲都曾在北京经营茶业,本人也曾管理过家族的茶庄生意。道光十一年(1831),王茂荫中进士,此后长期在户部任职。鸦片战争之后,白银大量外流,导致银两短缺,银贵钱贱,造成严重的财政危机,任职于户部的王茂荫深感忧虑,潜心研究,对当时的财政币制问题有深刻的认识,也精于理财。

太平天国起义爆发后,清政府财政危机加剧,出现了铸造大钱和无限制发行不兑换纸币等各种主张,即用通货膨胀的方法来缓和财政危机。为了缓和严重的财政危机,咸丰元年(1851)九月,时任陕西道监察御史的王茂荫,向咸丰皇帝上了《条议钞法折》,提出了发行纸币的主张。这是王茂荫有关币制改革的第一个方案,主旨是建议发行有限数量的纸币,并采取分批增发的方式,以缓和财政危机。但是,由于反对恶性通货膨胀,不能满足朝廷填补巨大财政亏空的需要,王茂荫的建议没有得到批准。

咸丰三年(1853),王茂荫升任户部右侍郎兼管钱法堂事务,成为清廷主管财政货币事务的官员之一,但在货币问题上他仍坚决反对通货膨胀。针对当时的货币问题,他先后多次上奏,反复条陈改革币制以缓和危机的主张。咸丰四年(1854)三月五日,他再度向咸丰皇帝上《再议钞法折》,重申钞法贵在“行之以渐,持之以信”,提出利用银号和商人的力量来推行货币改革。当时的官僚机构贪暴腐败,不能取信于民,而银号在民间有较高的信用,王茂荫因此产生了借助银号的信誉以推行货币改革措施的想法,主张发钞必须有商人运营于其间。王茂荫如此重视商人的作用,既反映了商人在当时社会中已有了不可忽视的力量,也表明他本人同商人和商业活动之间的密切联系,以及对货币问题的深刻认识。然而王茂荫的苦心陈奏未被接受,咸丰皇帝看了王茂荫的奏章后相当恼火,三月八日发布上谕，严加斥责，王茂荫随即被调离户部，此后曾在吏部、兵部、工部任职。

王茂荫的钞法奏议被俄国驻北京布道团第十三班的修士大司祭巴拉第搜集到，由其下属叶夫拉姆皮译成俄文，并由巴拉第编入《帝俄驻北京布道团人员论著集刊(第三卷)》，于1857年出版。1858年，德国人阿伯尔和梅克伦堡选择了其前三卷，并重新命名，出版了《帝俄驻北京公使馆关于中国的著述》。马克思根据该书了解到王茂荫及其币制改革观点，在其经济学巨著《资本论》的一个附注中提到："清朝户部右侍郎王茂荫向天子上了一个奏折，主张暗将官票宝钞改为可兑现的钞票。在1854年4月的大臣审议报告中，他受到严厉申斥。"显然，马克思对王茂荫的观点是赞同的。

二十世纪三十年代，我国第一个翻译《资本论》的陈启修先生，把马克思笔下的wanmaoin译为"万卯寅"，而日本的学者则译为"王猛殷"或"王孟尹"。1930年以后，经过崔敬伯、王思华、侯外庐、郭沫若、吴晗等人的考证，人们才知道马克思《资本论》中提到的唯一一个中国人，就是歙县人王茂荫。

王茂荫的主要著述收入《王侍郎奏议》，在光绪十三年(1887)刊刻问世，后收入《续修四库全书》。

许承尧与《歙事闲谭》

许承尧(1874—1946)，字际唐，一字芚公，号疑庵，歙县唐模人。

许承尧自幼聪颖好学，光绪三十年（1904）中进士，授翰林院庶吉士，成为“末代翰林”之一。旋即告假南归，返歙创办新安中学堂、紫阳师范学堂。后因秘密组织旨在废除君主制的“黄社”，推行新学，被人告发，遂辞去二校监督之职，回京销假。辛亥革命后，应皖督军柏文蔚之聘，任全省铁路督办，筹建芜（湖）屯（溪）铁路。不久，柏文蔚等讨袁失败，许遂去职。后随甘肃督军张广建入陇，先后任甘肃省府秘书长、甘凉道尹、兰州道尹、省政务厅长、渭川道尹等职。1924年，辞官回京，同年由京返歙，自此绝迹仕途，息隐家园，以著述终老。

许承尧一生刻意为诗，造诣深湛。他深受龚自珍、黄遵宪的影响，主张走诗歌革命的道路。其诗思渊虑微，悲愤深广，《光宣诗坛点将录》将其与周达(梅泉)合列为“地空星小霸王周通”，评曰：“疑庵诗，风骨高秀，意境老澹，皖中高手。”许承尧诗集名为《疑庵诗》，有十四卷本传世。1922—1936年，许承尧参与编刊《安徽丛书》。1933—1936年，许承尧主持重修《歙县志》，该志搜采广泛，考订精赅，为徽州方志中的杰作。

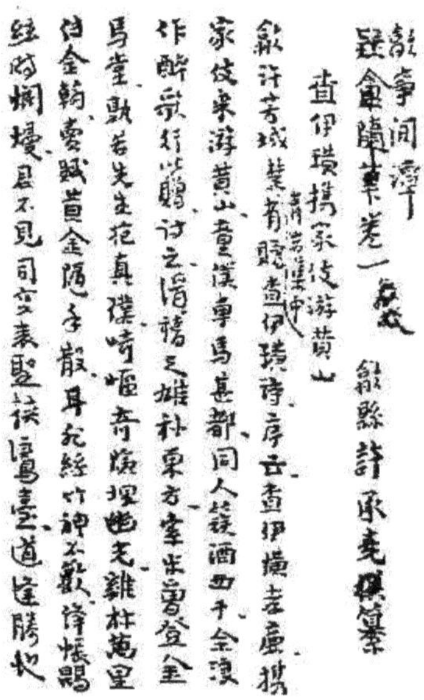
歙事闲谭 疑盦随笔卷一 歙县许承尧撰

查伊璜携家伎游黄山

《歙事闲谭》书影

许承尧对保存桑梓文化遗籍极为关注，曾多方收集徽州历代文献典籍。他还广事采辑，分门别类，手自笔录，辑成了《歙事闲谭》一书。该书共三十一卷，广泛记载了徽州地区（以歙县为主）的人物、艺文、史事、世风、山川、名胜、掌故、轶闻，搜采广博，内容丰富。书中所提及的书目有一千余种，所称引的书目有三百余种，重点摘抄的文献有六十余种。书中涉及了徽州文化研究的各个层面，通过对零散资料的收集、归并、整理、考订、分析，反映了徽州社会在历史不同时期的政治、经济、文化等各个领域的情况。

民国时期，在政局动荡、兵火涂炭的环境下，《歙事闲谭》非常及时地将丰富的历史文献资料保存下来，弥足珍贵。诸奇伟教授称赞说："在许承尧之前没有任何人，在《歙事闲谭》之前没有任何书，如斯人斯书这样对徽歙各种文化现象给予如此丰富而精致的载述。"对今天的徽州文化研究来说，《歙事闲谭》实为先导之作，也是治徽学者的必读之书。

江谦——中国师范教育的先行者

江谦(1876—1942),字易园,号阳复,婺源江湾人。

江谦

江谦出身于“贾而好儒”的徽商家庭。青少年时期致力于科举,十七岁中秀才。十八岁,江谦赴南京参加应天会试时遭遇挫折,遂赴崇明岛养病。当时,南通人张謇(后中状元,近代著名实业家)正在崇明岛主持瀛洲书院,江谦受知于张謇,成为其得意门生。甲午战争的惨败,给国人以强烈刺激,国内维新思潮蓬勃兴起。张謇派江谦入南洋公学(今上海交通大学前身)师范班学习,接受了系统的近代教育。

江谦一生最重要的事业,是协助张謇兴办近代师范教育。光绪二十八年(1902),张謇开始通州师范学校的筹备工作,同年冬天,任命江谦为通州师范学校监理,后为代校长、校长。通州师范学校是中国第一所近代师范教育学校,其主要教育内容包括“教育管理法、修身、历史、地理、算术、文法、理化、测绘、体操诸科学”,其生源为“择举贡生监中性淑行端文理素优者为入格,报名时须得素有声望人保书”。最初开设三年、四年的本科,两年的简易科和一年的讲习科等。1905年,在校河西设博物苑,供学校博物教学之用,博物苑后来与学校分离,成为全国第一个博物馆。1906年,在校内西北楼设附属小学,供学生实习。

江谦对学校师资极为重视。他聘著名学者王国维为教习,讲授国文、心理学和伦理学课程。著名画家陈师曾、文学家朱东润、史学家吕思勉也曾来校授课。

为了弥补国内师资的不足，江谦还打破了地域和国家界限，重金聘请了六位日本教习。第一次世界大战期间，他与有关当局磋商，从遣返的德国侨民中留下了十余位专家学者，留校任教。经过苦心经营，通州师范学校终于有了较为雄厚的师资，也大大提高了学校的声誉。

在江谦的主持下，通州师范学校保持了很高的教育质量，师生皆刻苦好学，毕业后在各地兴办教育，成绩突出。学校亦声誉远扬，不仅江苏省内入学者不绝，外省亦多有来学习的，江谦本人也成为社会公认的一代教育家。安徽优级师范校长姚叔节、高等学堂教务长姚仲实多次邀请他回安徽主教，安徽都督孙毓筠亦曾任命他为安徽省教育司司长。1914年，经江苏省省长韩止石盛情相邀，江谦同意出任江苏省教育司司长，“遍观苏州、无锡、常州、镇江、扬州、上海、吴淞各校，因裁冗费，助必需”，共节省浮费数百万元之巨。不久，江谦主持筹办南京高等师范学校(今南京大学前身)，也取得了很大成功，获颁二等嘉禾勋章。

江谦知识渊博，志行高洁，社会声望很高，张謇非常希望他能在政治上协助自己。江谦因此为国事奔走，在清末先后出任安徽省谘议局议员、京师资政院议员，在民国期间先后出任安徽省议会副议长、民国首届国会众议院议员。

胡适——新文化运动的旗手

胡适(1891—1962),原名洪骍,后来改名胡适,字适之,绩溪上庄人。

胡 适

胡适从四岁开始识字读书,在绩溪老家接受过九年乡村传统教育。光绪三十年(1904)就读于上海新式学校,随后考取中国公学。宣统二年(1910)通过考试留学美国,追随实用主义哲学家杜威研习哲学。1917年回国,受聘为北京大学教授。

胡适是公认的新文化运动旗手之一。他的《文学改良刍议》写于1916年9月,发表于1917年《新青年》第2卷第5号。胡适在文中提出八条作文准则:言之有物,不摹仿古人,须讲求文法,不作无病之呻吟,务去烂调套语,不用典,不讲对仗,不避俗字俗语。文章最核心的意旨就是提出了运用革命性的文体即运用白话文的重要主张,就此他明确列出三条论断:一、今日之中国当造今日之文学;二、今日之文学真正与世界"第一流"文学比较而无愧色者,独有白话小说;三、以今世历史进化的眼光观之,则白话文学之为中国文学之正宗,又为将来文学必用之利器,可断言也。陈独秀读了胡适的文章之后拍案叫绝,称赞它是"今日中国文界之雷音",并且坦言:"白话文学,将为中国文学之正宗,余亦笃信而渴望之。吾生倘亲见其成,则大幸也。"在胡适和陈独秀的联手推动之下,由一场文学革命引领起一场新文化运动,浪潮汹涌,势如破竹般地在中国大地上蓬勃兴起。作为新文化运动的领袖,胡适的第一大贡献就是:反对文言文,提倡白话文;反对旧文学,提倡新文学。以白话文运动实行文学革命,这是胡适潜心思考、倾心探索的结果。

胡适在新文化运动中的第二大贡献是输入西方现代思想,推动中国文化转型。胡适将新文化运动视作“中国的文艺复兴”,他在1919年发表《新思潮的意义》一文,认为当时新思潮的根本意义只是一种新态度,即“评判的态度”;新思潮的唯一目的是“再造文明”;而新思潮的两个手段,一是“研究问题”,二是“输入学理”。他自己就曾在输入学理和研究问题方面做出很大努力,即介绍西方的新思想、新学术、新文学、新信仰,讨论社会上、政治上、宗教上、文学上的种种问题。胡适本着“西乞医国术”的志愿,自觉地引进新的理论方法与思想观念,对于推动中国的文化转型乃至社会变革是卓有成效的。

胡适在新文化运动中还有第三大贡献,那就是整理传统文化遗产,拓展现代学术领域。胡适倡导整理国故的根本用意在于打倒一切成见,解放中国学术。他的《中国哲学史大纲》和《白话文学史》影响力很大,对于转变中国学术风尚无疑具有特殊的意义。另外,他还在古典小说的整理与研究方面开创了时代新风。

胡适是一位坚定的自由主义者,与当时的民主精神相呼应,主张个性主义和民主主义。著名学者唐德刚说:“胡适之先生是现代中国最了不起的大学者和思想家。他对我们这一代,乃至今后若干代的影响,是无法估计的。”

陶行知——伟大的人民教育家

陶行知(1891—1946),歙县黄潭源村人,原名文濬,后改名知行、行知。

陶行知雕像

徽州文化是陶行知幼年思想发展的基础,他少年时先后入方庶咸及吴尔宽先生私塾,后就读于崇一学堂、南京金陵大学文学系。1914年毕业于金陵大学,赴美留学,先后获美国伊利诺斯大学政治学硕士学位和哥伦比亚大学都市学务总监学位,是美国著名实用主义教育家杜威和孟禄的学生。

陶行知于1917年学成归国,任教于南京高等师范学校。时值新文化运动兴起,陶行知满怀热情地提倡新教育,改革旧教育。他一方面介绍西方的教育理论,另一方面反对盲目"仪型他国",提出要以科学方法进行教育改革和创新。

晓庄试验乡村师范学校的创办是陶行知在教育实践和教育理论上的重大突破。1927年3月15日,学校正式开学,陶行知说晓庄精神就是乐观精神、革命精神和团结精神,提出:"我们要办好乡村教育,要改造乡村社会,总须有宽阔的胸怀,奉献精神。"陶行知作为校长,脱去西装,穿上草鞋,和师生共同劳动、共同生活,共同探索中国教育的新路。他认为教育要与社会生活及生产劳动结合在一起,其目的是要培养学生的实际才干和创新能力,把学生培养成有农夫的身手、有科学的头脑、有改造社会的精神的乡村教师。

抗日战争爆发后,陶行知创立了中国战时教育协会,起草战时教育方案。1939年7月,他在重庆创办了育才学校,在难童中选拔有特殊才能的加以培养。

学校根据学生的兴趣和条件，聘请大批专家学者担任教师，对学生进行分组教学，因材施教。他们不仅教学生学习文化课，还对学生进行劳动教育和革命思想教育，使教育与生产劳动、社会实践、革命实践紧密结合在一起，把生活教育的理论运用在培养“人才幼苗”的实践中。

陶行知的教育思想和实践，代表了近代中国先进文化的前进方向。近代中国的危机多难，又使“教育救国”成为许多知识分子的梦想，陶行知正是其中的杰出人物之一。他以“捧着一颗心来，不带半根草去”的赤子之忱，为中国教育探寻新路。最可贵的是，他不仅在理论上进行探索，而且以“甘当骆驼”的精神努力践行平民教育，三十年如一日，矢志不移，其精神为人所同钦，世所共仰。

陶行知一生关注家乡的建设和发展。1927年，他曾写给徽州同乡一封公开信，表达了他的愿望，绘就了一幅徽州人文建设蓝图，称赞“我们徽州，山水灵秀，气候温和，人民向来安居乐业，真可谓之世外桃源”，他号召“徽州全体人民团结起来”，“振兴全徽的教育，开采全徽的矿产，革新全徽的农村，发展全徽的交通，培养全徽的自立、自治、自卫的本领，以谋全徽人民的幸福”。今天的新徽州建设，当以陶行知当年建言为鉴。

主要参考文献

[1]叶显恩.明清徽州农村社会与佃仆制[M].合肥：安徽人民出版社，1983.
[2]张海鹏，张海瀛.中国十大商帮[M].合肥：黄山书社，1993.
[3]张海鹏，王廷元.徽商研究[M].合肥：安徽人民出版社，1995.
[4]王世华.富甲一方的徽商[M].杭州：浙江人民出版社，1997.
[5]赵华富.徽州宗族研究[M].合肥：安徽大学出版社，2004.
[6]卞利.明清徽州社会研究[M].合肥：安徽大学出版社，2004.
[7]洪湛侯.徽派朴学[M].合肥：安徽人民出版社，2005.
[8]王廷元，王世华.徽商[M].合肥：安徽人民出版社，2005.
[9]朱永春.徽州建筑[M].合肥：安徽人民出版社，2005.
[10]汪良发.徽州文化十二讲[M].合肥：合肥工业大学出版社，2008.
[11]江世龙.中国徽派建筑之旅[M].北京：中国建筑工业出版社，2008.
[12]单德启.安徽民居[M].北京：中国建筑工业出版社，2010.
[13]杜诚，朱万曙.徽学百题[M].合肥：安徽人民出版社，2009.
[14]贺为才.徽州村镇水系与营建技艺研究[M].北京：中国建筑工业出版社，2010.
[15]黄山市(县级)地方志编纂委员会.黄山市志[M].合肥：黄山书社，1992.
[16]吴丽霞.风雅徽州[M].合肥：安徽大学出版社，2011.

后　记

徽州文化是中国具有代表性的地域文化之一，以徽州文化为研究对象的“徽学”已经成为学术界的“显学”之一，并越来越受到社会各界的关注。在当下的“文化热”中，徽州文化是重要的“热点”之一，除了学术界的专门研究之外，社会大众对徽州文化的兴趣也在不断提高。因此，除专门著述之外，同样需要面向社会大众能够深入浅出地介绍徽州文化的普及读物，本书正是基于这种背景而写。

本书是黄山学院科普创作团队系列作品之一。如何以科普的视角介绍徽州文化，这是一个新的课题。本书尝试以深入浅出的方式，就徽州文化的基本要素向社会大众进行普及性介绍，选取的条目和写作的笔法亦遵循普及性这一原则。第一部分“徽州常识”，主要介绍徽州的历史、地理、行政区划沿革、文化、风俗等，以帮助读者了解徽州文化的基本时空背景。第二至第七部分分别为“徽州商帮”“徽州宗族”“徽州古村落和古建筑”“徽州科学技术”“徽州文学与艺术”“徽州历代名人”，对徽州文化的基本内容进行专项介绍，以期有效增进读者对徽州文化的了解和认识。

本人长期从事徽州文化研究，虽写作过若干有关徽学的论文和著述，但从事科普类读物的写作还是第一次。感谢黄山学院唐鑫生教授的信任和支持，感谢安徽师范大学出版社黄成林教授给出的建设性意见！本书在编纂过程中参考了众多前辈学者的研究成果，限于篇幅，未能一一注明，在此特向各位表示崇高的敬意！本书还选用了部分图片资料，由于种种原因，未能与原作者取得联系，特此说明，恳请有关作者与本人联系，以便做出妥善处理。限于个人能力，书中不足之处在所难免，敬请读者批评指正！

冯剑辉

2016年3月于黄山学院